公契約条例がひらく地域のしごと・くらし

永山利和・中村重美 著

自治体研究社

はしがき―新たな自治を展望する公契約条例へ―

　公契約条例は自治体行政に公契約を通じて新しい課題を設定して運営できる新型政策手法の一つである。国の労働政策、福祉・社会政策、産業・経済政策などの上に、自治体が独自の政策を結び付け、公契約を実施する。その運営過程は行政簡素化等と違い、条例が設定した新たな目標実現の道筋を設けることができる。

　公契約条例制定による政策効果は、直接の行政サービスと歳出が生む所得「乗数効果」、雇用拡大だけに限定されない。広角的視野をもった行政行為で、その波及効果を発揮させる。同条例は、公契約の企画・設計、入札・契約の適正化、透明化を加速する。加えて行政行為から一見離れた民間企業＝「公契約市場」と連携し、公契約の履行過程等で公契約過程全体に潜む行政が持つ直接・間接の潜在力、影響力を発見・活用し、市場機能を損なわずに経済効果を高め、関連する労働者の労働条件の改善や企業の経営力向上に資する。視点を変えるとこの政策手法は、「公契約市場」に係る多くの事業者、労働者等が、広く行政運営に参加し、公と民の協働で地域経済社会の活性化の仕組みを生むことに特徴がある。

　行政運営に関していま政治レベルで追求されるキャッチ・フレーズに採られる「費用対効果」、「身を切る改革」等の手段は、市場化・民営化の推進、財政（歳出）や人員の"削減結果"を成果としている。こうした新自由主義政策を煎じ詰めると、コスト・カットによる縮小再生産政策になり、"縮減型経済"となる。それは経済成長とは真逆の政策である。本来行政は環境保全、安全、公正を基本とした経済成長策を選考すべきである。この基本的政策スタンスは、限定された地域を対象とする地方自治体では、地域循環型経済運営を目指す政策に集約される。地域での拡大再生産＝成長政策をめざす

自治体政策は、簡素化、省力化だけの狭隘な"縮減型経済"と違い、歳出増、人員増でも経済波及効果で投入量を上回る産出・所得・雇用創出などで効果が生まれるように取計うことである。
　公契約条例に関して私が係わった著作『公契約条例（法）がひらく公共事業としごとの可能性』（自治体研究社、2006年）から13年も経っている。この時期、まだ公契約条例は制定されていなかった。2008年に山形県公共調達基本条例、2009年千葉県野田市公契約条例が制定され、今日では53の自治体で制定され、要綱による改善策も17自治体に及び、合わせて70自治体に広がっている。その増加は地方自治の担い手が多様化しつつ、拡張していることを表している。
　公契約条例は、既存の様々な国家政策である中小及び小規模企業政策、産業政策、とくに建設業法、公共事業に関する公共工事品質確保法、入札契約適正化法など、主に公共事業関連政策、さらに労働基準法、労働安全衛生法などを基礎として工期の適正化、週休2日制の実施等、労働条件の適正化、最低賃金制を基礎にした賃金・労働条件の底上げ、社会保険制度加入促進等、労働・社会政策などとの連携を強め、国と地方行政が果たす広義の国民福祉への相乗効果を高める役割を演じることができる。条例制定は新たな段階に入っているこの時期、本書が少しでも役立てば幸いである。

　　2019年6月　　　　　　　　　　　　　　　永山　利和

「公契約条例がひらく地域のしごと・くらし」目次

はしがき―新たな自治を展望する公契約条例へ― 3

第Ⅰ部 拡大する公契約条例―制定の基礎と到達点―……永山利和 9

はじめに……………………………………………………………………… 11
　格差と貧困が広がるなかで奇妙な"負の均衡"／"三方よし"の新しい条例：行政と事業者と労働組合

第1章 公契約、公共調達とは何か……………………………… 15
　1　「公契約」「公共調達」とは 15
　2　公契約、公共調達の遵法性と新たな工夫 16
　3　適正な市場取引としての公契約、公共調達 17
　4　公契約、公共調達における手順と実施に係る諸法規 18
　5　公契約（法）条例に埋め込まれる新たな政策や実現手法 19
　　　工夫される新たな政策領域／公契約（法）条例に包まれる政策と法規
　6　公契約条例法規の特殊な構造 22
　　　労働法規と見なすことは誤解／公契約条例は地方自治法と産業関連法とが共管する法規／公・民で市場の仕組みを改善する
　7　公契約、公共調達による市場への波及効果 27
　　　財政運営原則の継続／労働市場の不公正競争の是正と公契約市場秩序の回復／財政危機対応の公共政策

第2章 公契約条例の現段階………………………………………… 31
　1　公契約条例制定による賃金水準の現状 31
　2　公契約条例と要綱制定自治体 33
　3　公契約条例、要綱等の諸類型 35
　　　適用対象・範囲／公契約条例制定における目標設定の意味／審議会の機能／制定効果・罰則規定／行政指導要綱
　4　賃金・労働条件改善の新手法と、手法を生かす限定された契約条件 44

第 3 章　公契約条例がもつ多様な意味　……………………… 51

1　公契約条例にいう「公契約」とは　51
自由契約原則と公契約条例に織り込まれる合意事項による履行義務／公契約と実効性の範囲／公契約条例と企業への法的影響力

2　公契約実施過程における行政の役割
　　　―公正・中立を明示し、市場における模範事業者となる―　56
公契約条例対象案件の策定手順／入札・契約における（必要）経費の構成と契約執行への移行／契約後の実行過程における基本規定／契約行為の分権化と行政組織による政策推進

3　公契約条例による労働条件、経営環境改善の同時推進体制
　　　―「車の両輪」論―　63
世田谷区における公・民連携の事例／「車の両輪」論

4　公契約条例と中小企業経営問題　66
公契約条例実効性を発揮させる鍵―中小企業経営改善との連携／中小企業経営改善は条例実効の必要条件／条例の浸透に必要な中小企業との連携／罰則規定をめぐる公契約条例の運用手法／「車の両輪」論に立つ労働報酬下限額の実効性確保の仕組み／"契約法規の束"と公契約条例の実効性確保の政策／条例が中小企業に浸透する条件づくり／設定された労働報酬下限額の実現とその限定された範囲

5　財政危機のしわ寄せが生む
　　「公契約」「公共調達」市場の危機からの脱出　77
競争強化策に代わる新しい政策実現条件の構築／財政危機の深化と財政需要増大のディレンマ／公・民の主体転換は解決に近づくのか―新しい公共空間づくりへの一歩／財政危機を市場にたらいまわしが招く中小企業経営危機、賃金・労働条件の劣化／公契約市場への負担は、中小企業経営悪化と賃金・労働条件の劣化に導く／公契約市場の正常化に向けた行政の新たな責務

6　市場の歪みが引き起こす危機　83
公契約の質の確保と公契約市場の公共性強化の同時進行／公契約市場正常化が公正な市場メカニズムに通じる／歩み始めた公契約市場改善方向と課題

第 4 章　公契約条例の構成
　　　―「公契約」「公共調達」を介した行政目的の実現手法―……　91

1　全国初の野田市公契約条例　91
野田市公契約条例制定とその意義／野田市条例のポイント1―目標となる対象案件と実効性の要件／野田市条例のポイント2―体系性と実

効性を有する／条例制定全般に係る論点／公契約条例制定自体には違法性はない、それゆえに廃棄はできない？
　2　行政指導による運用改善　101
　　「函館方式」による行政指導が示したメッセージ／新宿区および港区等における行政指導方式
　3　条例制定の背景にある ILO 第 94 号条約と公契約条例　106
　　ILO 第 94 号条約の概要とその特徴／公契約条例と ILO 第 94 号条約との整合性／公契約条例推進の効果を広げる方向

第Ⅰ部資料

　尼崎市公契約案に関する意見書　晴山一穂　112
　第 171 回国会　質問主意書、答弁書　120
　野田市公契約条例　122

第Ⅱ部　世田谷区公契約条例
―制定への取組みと運用の実際― ……………… 中村重美　129

第 5 章　世田谷区公契約条例―制定への取組みと運用の実際― …… 131
　はじめに　131
　1　賃金・労働条件と区内中小企業振興を車の両輪とする条例　131
　　条例の目的：産業振興、地域経済活性化、区民福祉の増進／「公契約適正化委員会」と「労働報酬専門部会」の設置／広く設定された条例適用の範囲
　2　条例制定への取組み　133
　　(1)　懇談会の活動
　　　出発点は官製ワーキング・プアをなくすこと／「五労組委員長会議」の誕生と懇談会の発足／「条例」制定運動の特徴
　　(2)　区と区議会は入札・契約制度改善に動いてきた
　　(3)　2011 年区長選挙を契機に新たな段階に到達した条例制定運動
　　　検討委員会の設置から最終報告へ／区が示した条例素案には違和感があった／シンポジウム開催を契機に、世論に変化と発展が生まれた
　3　条例の実質化をめぐるせめぎあい　140
　　委員会の運営をめぐって／労働報酬下限額の実効性確保をめぐって／条例を違憲・違法視する議論をめぐって

4　労働報酬下限額の提示をめぐって　145
　　　委員会・部会の意思が踏みにじられる／区の判断・決定の見直しを求める取組み／2017年度予算での前進を検証する
　5　運用の改善をめざす取組み　151
　　　さらなる運用の改善を期す／委員会・部会の意思が再び踏みにじられた／条例運用のさらなる改善で地域経済活性化と住民福祉の増進を図る／「進化を続ける」条例運用改善の取組み

第Ⅱ部資料

　世田谷区公契約条例　160
　世田谷区公契約条例施行規則　164
　労働条件確認帳票（世田谷区）　167

巻末資料　公契約条例対照表……………………………………………172

あとがき　169

第 I 部

拡大する公契約条例
―制定の基礎と到達点―

永山利和

はじめに

格差と貧困が広がるなかで奇妙な"負の均衡"

　労働組合運動はいま、労働者が抱えている諸課題に応えているか、と問えば、その答えはノーではないまでもイエスでもないだろう。では、憲法に規定された国民への基本的責務に行政府がその存在にふさわしく対応をしているかどうかと問えば、これまたノーではないまでもイエスでもないだろう。

　経済活動の中核に据わる現代企業はどうだろうか。市場競争の激しさゆえに、企業は製品やサービスの劣化が起きるぎりぎりまで"無駄"（何が無駄かは論議を要する）をそぎ落とし、企業ガバナンスもままならない数々の不祥事を起こしている。世界企業はプラットフォーマー型の事業形態で見えざる城壁を築いている。世界企業の見えざる城壁は、"自営業者型"労働者を、通信網を介してフル活用し、需要者につなぎ、道具持ち"自営業者型"労働者に仕立てて、B to B（企業と企業）取引、または B to C（企業と消費者）取引をネット・ビジネスの新カテゴリーとし、規制抜きで事業化している。

　そのうえ、新型ビジネスゆえに課税を逃れ、巨万の富を築く。それら新型世界企業は、旧型企業と異なる"ネット"化で、国家規制さえも越えている。巨大倉庫等の事業所の実体はあっても、企業組織は名目だけの「見えざるネット」事業であり、税法等の法規制からも逃れようとしている。それだけでなく労働法や労働組合運動にも手に負えないように見える。いずれにしても現代新型企業も労働者や国民の課題に応えているとは言い難い状況だ。

　世界に広がる格差と貧困。太文字で書く人間に値する生活を営むためには、必要な生活費用を賄える賃金所得の確保は欠かせない。

家族と健やかに生活できる生活向けの時間と空間も確保されなければならない。すなわち、人間は賃金だけではなく、遠距離通（痛？）勤等がない適正な生活と労働の時間配分（ワークライフ・バランス）、それを受容できる居住空間、そして居住空間を取り囲む快適な住環境が不可欠である。

　しかし、それらだけでも十分ではない。いつの時代も人間には避けられない災害、病苦、事故、老いに直面する。そうした事象に対応するためには、一定の備え（社会的組織も含める）が必要である。平穏な日常に要する居住空間や居住を取り巻く適切な住環境。これらの人間に値する労働と生活に要する望ましい諸条件に、労働組合運動、行政機能、現代企業、これらはいずれも働く人間に値する望ましい条件づくりに十分に応えているとは言い難い。ただ、そこには奇妙な"負の均衡"ないしは"不都合な平衡"がある。

"三方よし"の新しい条例：行政と事業者と労働組合

　本書で取り扱う「公契約」、「公共調達」改善への取組みとして、20世紀を終えて21世紀へ移行する前後に新しく動きだした行動がある。建設業関係の最大の民間労働組合である全国建設労働組合総連合（全建総連）や地方自治体職員の労働組合運動が、ILO第94号条約批准、地方自治体や地方議会に公契約条例制定を働き掛ける陳情や議会請願の行動などを始めた。この行動は世論、市民社会にも働きかけ、歴史を紐解き、公契約を介した「公契約市場」の改善に社会的関心を呼び興して、改善への賛同を拡げることを目指した。そしてILO第94号条約等の理解を広め、労働組合と行政および議会などとが連携して少しずつ成果を積み上げてきた。

　この行動とその成果は、行政活動を自主的に形成する行政と「公契約市場」双方の体質改善を意味する。公契約に関わる行政と民間企業とその経営者や労働組合をふくむ労働市場をも介して、関連す

る労働者・就業者そして事業経営者、それら市場参加者を含めた「公契約市場」の取引慣行や経営環境改善という共通の関心領域に、新規に対話の場をつくった。入札や契約の過程を改めるために一種の新しい公共空間を築こうと意図した。この構図を近江商人流にいえば、現代的な"三方よし"という新しい領域を切り開く行動と見ることができる。労働運動とその成果の積み重ねが切り開いた新しい行政と"公契約市場"改革とは何かについてはのちに述べることにする。

　これら関係者の試みは、行政主導で国民や市民によびかけられている自助、共助、公助という現代社会を構成する主体の機能分担方式の発想とはやや次元を異にする。市場参加者の各主体が重層的に組み合わさり、各々の主体が納得し、合意できる都合の良い関係、共通の合意を基に互いの承認のうえで、自律的な利害関係を根拠とし、関係当事者間の協議体制を築く。行政頼みや政治まかせという"依存症"、民間への丸投げなどの民間化、市場化への請負主義、忖度行為等、これらの狭い市場関係づくりの殻からも抜け出し、互いに共有できる目標の設定と協働の関係づくりを基礎にしている。地方自治の精神を踏まえ、行政組織（自治体とその議会）、事業者とその団体、労働者・労働組合がともに歩みだした新しい行動様式といえる。

　これらの歩みは、限られた領域での事象ではあるが、労働組合組織の機能とその運動から見れば、組織力を恃んだ紋切り型の要求とその実現運動ではない。行政や政治家任せではなく、各々の主体が自律的合意を起点としながら、新たな利害調整のための"社会空間"づくりを目指す。その延長線上に、これまでとは異なる公・民関係そして民・民関係もともに進化し、相互改革をする過程を形成する行動と評価できるであろう。

第1章　公契約、公共調達とは何か

　さて、本書の主題は「公契約」あるいは「公共調達」とその改善方策を検討することである。通常、国民の日常生活には余り耳慣れない「公契約」「公共調達」とは一体何か。本書が取組む課題のカギとなる「公契約」、「公共調達」とはどのような内容、仕組みなのか、その用語自体を解説しておかなければならない。

1　「公契約」「公共調達」とは

　国や自治体の業務（仕事）は"行政する"（administer、アドミニスター＝治める、公務を司る）ことである。行政行為の主体、職員は、公務労働者または公務員である。つまり公務員が公務を司る。公務へ就労する公務員は、民間雇用とは若干異なる。行政は活動するのに必要な要員を任用する（engage、エンゲイジ＝公務に従事さ・せ・る・）。雇用主と労働者の双方が合意の上で整う労働契約をふまえて職務を遂行する双務契約である employ とは異なる。すなわち、公務組織の意思の下、職務内容、就業規定に沿う適格者を任用して、職務を遂行させるのである。任用は双務契約である雇用契約と異なり、行政が法の強制力をともなう条件の下で労働者を任用し、職務を遂行させるのである。すなわち行政は、定められたルール、法規に従い、公務遂行に相応しい一定の能力基準を認定された者を採用して、所管する事務、事業を執行しなければならない。そういう規定のもとで公務が遂行されている。

　行政組織体は、行政執行に際し、行政組織内で処理する事務・事業が多いが、それと同じくらいかそれ以上に、行政組織体の外にいる人々や行政以外の組織（企業、協同組合）、すなわち行政組織でな

い非公務、つまり民間の「当事者」と契約し、行政を執行するのである。こうした方法で遂行される事案、事業が非常に多い。

　つまり行政は、保有する建物、機器、人的資源で公務を遂行するほかに、市場として括られる様々な個人や会社組織、NPO組織などの事業者、つまり行政組織以外の個人、「当事者」との間で、物品・サービスの取引、建築または製造業務など、業務の委託や請負契約を通じて公務を執行することが多くなっている。

　これら契約、調達に関する行政取引を「公契約」、「公共調達」という。その際、一方の当事者が必ず行政組織でなければならない。行政は、契約を介して物品やサービスを購入し、また製造物や建設物を委託して購入・調達する。行政の購入、調達取引には、最低一つ以上の当事者が公務に係わっている。つまり、公契約の一方には必ず公的機関、行政組織（法規定により様々な公的機関や組織）が係わって、購買や調達を行っている。

2　公契約、公共調達の遵法性と新たな工夫

　行政活動、行政行為は、原則的に「公権力の行使」となる。「公権力の行使」、すなわち行政行為は、必ず一定のルール、法規にしたがって履行され、執行されなければならない。行政と市場との取引である公契約、公共調達もこの取引行為に関する様々なルール、従うべき一定の法規がある。公契約、公共調達では、行政も各種関連する諸法令を当然遵守しなければならない。そうであるから従来から公契約、公共調達は一定の法規定の下で執行されてきたわけである。

　しかし、行政に期待される、事務・事業の公正かつ効果的、効率的遂行という積極的な行政行為の見地からは、公契約、公共調達において諸法令を遵守すればそれでよいという対応は、消極的、中立的姿勢だけであり、それが必要ではあるが、それだけで十分とはい

えないことが多い。公契約、公共調達において、行政が有する力量を十分に発揮して積極的に政策を実行し、政策の効果をより高めるような工夫が求められている。公契約に関する法や条例を広く深く活用するように、法規制定と執行に関する行政指導である要綱などを設ける。そうした実施の改善方式を見出し、行政行為の有用効果を引出す努力を払う自治体がふえてきている。

これら新たな政策重視、効果的政策実施志向をもった契約法規が、国レベルでは公契約法、自治体では公契約条例と呼ばれる。こうした対策を講じて、特に自治体において公契約条例制定による政策効果の上乗せが広がってきている。ここでは、公契約（法）条例をめぐる20年間程度の動向に注目し、論議を深めることにする。

3　適正な市場取引としての公契約、公共調達

行政行為としての公契約、公共調達は、多くの場合、市場の担い手である個人や民間事業者を取引相手に執行される。行政は、これら事業者や多くの就業者・労働者と係わることになる。公契約、公共調達の執行は、行政が個人や民間事業者との契約を交わし、物品、サービス、建築や製造を委託し、所定の法規に沿って公契約、公共調達が執行されるからである。

一方、行政の取引相手である契約のいま一つの「当事者」である民間の公契約市場は、個人や企業組織である。この民間側の行動にも公正取引などに関する市場秩序法、各種産業法など、多くの法規が設けられている。したがって、公契約、公共調達とはいっても、公契約、公共調達の実施主体である行政だけが法令を遵守するわけではない。行政行為には、行政自体に関する法規に加え、民間側でも市場行動を規定する種々の法規がある。

そうである以上、行政は、行政執行に伴って生じる取引相手側が

守るべき諸規制とその実行過程にも配慮しなければならない。

いいかえれば、公・民の間で行われる公契約、公共調達の取引では、行政は関連法規の遵守をはじめ、基本的に市場取引一般の経済原則や取引原則の尊重など、法的、社会的、経済的責務を負っている。つまり公契約、公共調達には公民双方にそれぞれの法令遵守とともに、双務契約を原則とする規定を設けて、契約と実施内容の充実を図る余地が広くある。

4　公契約、公共調達における手順と実施に係る諸法規

公契約、公共調達に関する主な関係法規は、国では財政法、会計法、予算・決算令、自治体では地方自治法、同施行令等がある。すなわち、公契約、公共調達には行政を縛る既定の契約、調達の諸法規、諸規定がある。一般にこれら法規、規定に従って公契約、公共調達の契約が結ばれ、執行されてきている。

ただし、契約の執行前の段階で、行政は契約案件について適切に企画し、設計し、積算して、契約執行に際し、契約の前段で一種の"希望購入価格"に相当する「予定価格」を算定する。執行される事案、事業に係る取引行為を計画段階に起点をとれば、取引前に行政はいくつかの準備行為を行う。

公契約、公共調達は、一定の準備行為を経て、当該案件の事務、事業を民間市場に「告示」し、そのうえで入札者を募り、札入れが行われる。入れられた札が「開札」され、規定に従って落札者を決め、契約に至る。この手順も定められたルール、規定に従って執行される。一言でいえば、適切な事前準備のうえに"公正な競争"を経て、物品・サービスの購入、建築・製造等の委託の取引、すなわち、公契約、公共調達が行われる。

公契約、公共調達の対象となる物品、サービス、建築・製造物の

生産委託案件の必要要件は、規定以上の品質、性能、機能等、質的水準を満たし、そのうえに公正な競争を経て適正な価格水準とみなされ、透明性が保たれた価格決定過程をたどった金額で契約、調達される。これら複数の要件を満たす契約内容とその履行が原則とされている。

　21世紀に入って公契約、公共調達には財政効率優先の競争強化政策を生んだ弊害を是正しなければならない事態となった。そこで、2000年に国は、「公共工事入札・契約適正化法」、さらに「公共工事品質確保法（2005年）」の制定などにより、入札制度改革を進めることとなった。それまでの分離・分割方式などの他、契約案件の要件によって入札・契約方式に総合評価方式などを設け、さらに最低制限価格制度、低入札価格調査制度など、総価方式だけでなく入札内容、内訳について点検が可能になる体制がとられるようになった。公契約条例が目指すところは、これらでも達成できない政策を実行する道を探ることになる。

5　公契約（法）条例に埋め込まれる新たな政策や実現手法

　公契約、公共調達には、国と自治体ごとにそれぞれ守るべき既定のルール、法規がある。それらルール、規定を満たして契約し、調達される。だからこれら諸規定に適合した条件を満たしたうえで、公契約（法）条例はこれら法規定以上に新たに埋め込まれる種々の政策目標を制定した条例である。追加的にあるいは拡張した目標とそれを実現される手段を盛り込む新しい取組みとなる。この法規の骨子を見てみよう。

工夫される新たな政策領域

　公契約、公共調達が規定のルール、法規を遵守する市場との取引は、規定のルール、法規に沿う行為である。その条件を満たしたうえ

で、公契約法、公契約条例制定により、規定のルールでは済ませられない新規の政策を織り込み、実効ある執行を果たそうとする。だからそのために行政の明確な意思が問われる。

　重要なことは、行政行為が単に民・民関係不介入という市場に対する"行政の中立"原則だけの対応ではすまされないことを意味している点である。明確な新しい改善、改善すべき目標とそれに対応する手段を用意しなければならない。すなわち発注者＝行政は、契約前の準備段階はもとより、契約後の施工、業務運営において、適正な売買契約、委託契約として執行されるだけに止まらないいくつかの新しい行政行為を達成できる新展開が企図されている。それは、公契約条例の制定により、行政から公契約市場に新たな政策が発信される。そのために明確な対象の事務・事業の成果が問われる仕組みとなる。これが重要な点である。すなわち、以下のように、特別に新たな政策を実らせる工夫が施され、条例制定で新しい行政活動方式が生まれたのである。

　新しく工夫された政策の内容はどのようなものか。主に以下の事務・事業で典型的な政策領域での新領域になる。すなわち、①就業者・労働者の賃金・労働条件の向上、②官製ワーキング・プアの解消、③より良い公共施設の提供、対人公共サービスの向上、④地域社会や公共施設の建設・運営を担う事業者、各種の管理・運営等のサービス事業者に対してより良い経営環境づくり、⑤地域経済全体の底上げ、⑥総じて住民福祉の向上、などが組込まれている。

　注目すべきは、公契約条例が掲げる政策目標ないし政策内容は、これまで自治体が直接政策対象としては扱われていなかった分野に踏み込んでいることである。いわば、公契約市場の回路をたどって新規の政策実施に至る方式をとり入れ、こうした条例の新規の運営方法が採用されている点に十分配慮しなければならない。

公契約（法）条例に包まれる政策と法規

　公契約条例は、公正かつ適切な公契約、公共調達という既定の行政行為に止まるだけではなく、自治体の契約、調達に伴って可能な社会政策、労働政策、福祉政策および経済政策など、新たな公共諸政策を盛込める法規である。

　既存の公契約、公共調達に係る基本法としての財政（予算）の執行の諸規定がある。公契約条例は、基本的にそれを遵守しつつ、新たな政策効果を高める可能性を切り開こうとする法規である。すなわち、公契約、公共調達は地方自治法等の規定に沿った歳出行為であるが、その中に関連ないし連携した政策に絡めて一定の社会経済に活性効果を生むように上乗せした契約事項を盛り込み、その執行、実施過程を活用して有用効果を生もうとする。それが公契約条例である。

　上乗せされた政策の契約事項には、労働政策・社会政策、地域福祉等の公共サービスの向上、産業政策などの経済活動の拡大・推進に向けた工夫を施した法規定とするそうした条例（法）である。ここに公契約条例制定とその運用の現代的意義がある。既定の法規に上乗せして新たな政策を推進できる条例が公契約条例である。

　この条例が各省庁に専管されている行政分野とは別に、自治体が独自に条例（法規）を制定し、その政策で行政投資や歳出で政策効果を上乗せする。その措置は政策目標の効果を高め、政策の速やかな実現を図る、これが公契約法ないし公契約条例制定の現代的意義である。

　公契約条例に包まれたこれら一連の政策目的とその運用手法は、公契約、公共調達行為の法体系で、これを国では公契約法、自治体では公契約条例と呼ぶ。ただし、国の公契約法は、幾度か議論の俎上には載せられたが、関連する業界団体や自治体内部にもある、狭

く誤った法解釈や誤認などからいまだ制定されるには至っていない。

公契約（法）条例は、公契約、公共調達を通じて、①国、自治体の契約、調達を担う事業者の経営改善、②契約、調達案件を現実に従事する労働者・就業者の賃金・労働条件の向上、③よりよい質を持った地域社会経済の実現、④最終的には国民福祉、地域福祉への波及効果を生む行政手段として活用する。こうした様々な狙いをもった公契約条例が多くの自治体で制定されてきている。

6　公契約条例法規の特殊な構造

自治体が制定する公契約条例について特別に注意を必要とする点がある。ここでごく基本的な公契約条例という法体系を検討し、公契約（法）条例の骨組みを示しておこう。

労働法規と見なすことは誤解

公契約条例は、公契約、公共調達の受注者、公契約の一方の当事者である事業者とその下で働く労働者・就労者の賃金・労働条件の向上、すなわち賃金水準の引上げ、休日・休暇の制度的整備と有給休暇の消化促進、労働時間短縮などの労働時間制度の適正化、社会保険加入が可能となる取引条件を整備・推進する。

しかし、公契約の発注先である元請企業をはじめ下請諸企業の労働者・就業者の賃金・労働条件を向上させようと行政権能を、直接行使する法規定に沿って契約先企業と交渉して決定するのであって、行政権能を直に発揮する方式ではない。民法的契約、つまり納得、説得、合意によって政策の実施を図るのである。これが公契約条例の特徴的な手法である。つまり公契約条例とはいっても、この条例が労働者保護等を定めた労働法の機能や役割のように、行政権能を使って効果を上げる法規ではない。また労働法に代替する位置にある法規でもない。

あくまでも、地方自治法とその運用による納得、合意を基本とする法規なのである。労働法と同じ法規だという理解は、法の認識や条例の効果的運用を図るとの理解、すなわち、社会政策、福祉政策そして産業政策の効果的成果を狙うという着地点は同じだという効果を別とすれば、労働法の権能、規制と同じ手法ではないかといわれることになると、それは全くの誤解だといわなければならない。

公契約条例は地方自治法と産業関連法とが共管する法規

公契約、公調達行為における中核となる法規は、国では財政法、会計法とその実施規定「予算・決算および会計令（予決令）」があり、自治体では地方自治法および同法施行令などがある。

いま一つ注意しておきたいことは、21世紀に至って、国の建設産業政策に大きな転換があったことである。これら建設産業政策の転換は、国に止まらず自治体にも適用されている建設業関連法規定として、「公共工事入札・契約適正化法」、「公共工事品質確保法」など、公共事業関係法規が相次いで制定された。これら制定とその後の改正に関連して建設業法も改められた。

これら新法規を、公契約、公共調達政策から見ると、公契約案件について契約成立までの前段階の主体である発注者（自治体）側、契約成立後に契約約定に従った契約の執行過程の主体である受注者（企業グループ）側、これら二つの主体の双方に対して新しい責務を規定している（図表1-1参照）。

とくに建設業においては民・民関係に長期間に据わる生産・労働過程の不公正、不適切な関係や取引行為が少なくなかった。下請取引、労働者との間では曖昧・劣悪かつ不透明な雇用・労働契約とその実行過程に横たわる改善の諸課題が山積していた。これら改善の"山"に必要な法改正が、近年次々と実施されるようになってきた。

というのも21世紀に入り、国土交通省の建設産業政策が大きく転

図表1-1 品確法と建設業法・入契法の一体的改正(担い手3法の改正)について

インフラ等の品質確保とその担い手を確保するため、公共工事の基本となる「品確法※1」を中心に、密接に関連する「入契法※2」、「建設業法」も一体として改正。2014.6.4公布。(全会一致で可決・成立、全会一致で可決)

※1：公共工事の品質確保の促進に関する法律、※2：公共工事の入札及び契約の適正化の促進に関する法律

品確法の改正（2014.6.4 施行）

- ■ 基本理念の追加：将来にわたる公共工事の担い手の中長期的な育成・確保、ダンピング防止
- ■ 発注者の責務（予定価格の適正な設定、低入札価格調査基準等の適切な設定、適切な計画変更等）
- ■ 事業の特性等に応じて選択できる多様な入札契約方式の導入・活用・位置づけ、行き過ぎた価格競争を是正

基本方針（2014.9.30 閣議決定）
- ○公共工事の品質確保とその担い手の確保のために講ずべき施策を広く規定
- ○国、地方公共団体等は、基本方針に従って措置を講ずる努力義務

運用指針
- ○発注者が、自らの発注体制や地域の実情等に応じて、発注関係事務を適切かつ効率的に運用するための共通の指針

品確法の基本理念を実現するために必要となる基本的・具体的措置を規定

建設業法の改正（2015.4.1 施行）

（担い手育成・確保の措置は2014.6.4から、解体工事業は公布から2年以内に施行）

- ■ 建設工事の担い手の育成・確保（建設業者団体や国土交通大臣の責務）
- ■ 適正な施工体制確保の徹底（解体工事業の新設、暴力団排除の徹底）等

建設業法施行令の一部改正（2014.9.19公布、2015.4.1施行）
- ○技術検定の不正受検者に対する措置の強化 等

建設業法施行規則の一部改正（2014.10.31公布、2015.4.1施行）
- ○経営事項審査で若手技術者等の確保状況や機械保有の状況等を評価
- ○主任技術者の資格要件の緩和

入契法の改正（2014.9.20一部施行、2015.4.1全面施行）

- ■ ダンピング対策の強化（入札金額内訳書の提出）
- ■ 公共工事の適正な施工（施工体制台帳の作成・提出範囲の拡大）

適正化指針（2014.9.30 閣議決定）
- ○低入札価格調査制度等の適切な活用加入業者の排除の徹底、歩切りが品確法に違反することと、社会保険等未加入業者の排除の徹底について明記
- ○発注者は、適正化指針に従って措置を講ずる努力義務【要請通知 2014.10.22】

（出所：国土交通省Webより）

換したからである。ここには建設業が直面している産業存続の危機を乗切ろうとする意図が込められている。この点は公契約、公共調達制度の上にもまた発注者と受注者の双方に大きな変革を迫る内容が含まれている。

建設産業政策の新規法制では、行政や公的機関が契約時までの法規定を遵守するだけに止まるものではない。契約履行過程には受注者だけの責務ではなくなり、発注者も履行過程における各種法令遵守の責務を負うことが規定されるに至った。いわば新しい産業秩序に移行しつつあるといえる。というのは発注者にも、民・民契約には口出ししないという伝統的な市場対応が行政の不作為になる可能性が生まれてきたと理解することができる。

発注者にも施工過程に関するコンプライアンスの改善・遵守を図る責務が設定された。その基本的意図は、発注・受注双方の間に定着していた市場における不均衡な関係、すなわち公契約市場に登場する請負事業者および下請事業者に定着している強い片務性を修正し、参加者が互いに対等な関係に変える趣旨だと見ることができる。公契約市場には弱かった対等な取引関係への移行、発注者・受注者間関係が双務性に一歩近づける政策意思を明確にしたといえる。この変化によって受注者側にも大きな転換が計られることになった。

公・民で市場の仕組みを改善する

さらに付言すれば、公契約（法）条例は、公契約、公共調達を主導してきた財政効率中心主義の執行体系から離脱する役割を持つ。財政規律維持の重要性に加え、公契約条例制定によって新たに達成すべき政策目標・課題を盛り込む。条例制定によって、契約案件の中で広く、多様な政策目的達成機会の拡張に役立てられる。国、自治体が、独自に充実させたい政策、改善すべきだと意図した政策を公契約の執行過程に明示する法規定になっているからである。

そこには財政運営方式中心主義に徹してきた公契約、公共調達を転換し、公契約、公共調達に際し、社会経済への財政支出の波及効果を広げ、高める努力目標が設けられる。公契約条例制定により、公契約条例下の運営で、行政は公契約とその執行過程に自治体行政がもっている財政の潜在力、歳出行為による地域経済への経済的波及効果を従来以上に高める努力が求められる。こうした可能性を広げる新たな契約手法、政策意思を明示した公契約、公共調達の政策に、行政と市場経済との新しい取組みがなされる。その中で歳出の経済的、社会的効果が公契約市場の回路を通じて地域経済により大きな有用効果を広げ、公契約での経済効率を高める手法となる。
　行政は、契約に当たって重視する政策目的を示し、それらを踏まえた要件を設定した契約で、契約の相手方の企業等、民間「当事者」と合意し、契約の執行過程で政策目的の実現に協働する。公・民がともにこうした連携行動に歩みだす。とくに行政執行の過程が公的投資の効率向上、波及効果を広げるなど、公的投資の有効性を一層高める仕組みに組替えられる。就労者の賃金・労働諸条件の改善、それらを実現する事業方法の改善や事業者の経営環境改善に資する契約内容にした公契約、公共調達とする。公契約事業に従事する労働者も労働条件改善や処遇水準を引上げられ、作業効率の向上に寄与することになる。ここに公契約条例制定の基本的意味がある。
　それは同時に賃金・労働条件を改善できる経営環境の拡充につなげ、官製ワーキング・プアの解消、企業規模間に存在する賃金、労働条件、社会保険制度加入などに関する格差を是正し、労働者間で固定化している企業規模別格差を改める。それはまた、中小企業、小規模企業も低労働条件依存の経営基盤から離脱を図る方向に舵を切れる。それらは公・民共同で公契約市場の仕組みを効率化させるに到るであろう。

7　公契約、公共調達による市場への波及効果

財政運営原則の継続

ここで若干注意すべきことがある。それは、公契約（法）条例制定が効率的な財政運用の原則を軽視し、財政規律を弛緩させ、財政規律喪失等を導く意図があるわけではない。このことを確認しておく必要がある。民主的で、効率的な財政規律の遵守は自明の理である。また、公契約条例（法）制定によって、受注企業に何か特別の優位性を与え、公契約、公共調達にかかわる受注者の事業運営が一方的に有利となるように取り計らうようになるのではないのか、などの疑問が出されるかもしれない。しかし、条例制定の趣旨はこの懐疑のような不適正な事業執行を許すものではない。

労働市場の不公正競争の是正と公契約市場秩序の回復

また、企業発展および就労者・労働者の労働・生活条件の向上は、企業の自律的経済活動と労使間での自律的な労働条件決定という労使関係対等原則の中で決定されるものとはどのようにかかわるのか、という論点がある。この原則と公契約条例との関連が問われる。とくに労働者の労働・生活条件の向上は、基本的には対等・平等な労使関係の下、労使双方の協議、交渉によって図られるべきものであるが、これに公契約条例制定で、一種の不法な介入とならないのかという点である。

このことは、資本主義経済における労働市場での公正競争の基本的市場ルールの一つであるだけに無視できない。市場における基本ルールの維持も同じく公契約条例制定とその運用における基本的前提である。公契約条例は、これらのルールが歪められる場合にその是正を図るように求める条例でもある。公契約関係を通じて、条例に定められた要件に合意し、承認した当事者との契約の下で、公契

約（法）条例によって公契約、公共調達の改善で不公正な市場秩序を正常化させようとする。それが条例の運営原則である。

公契約市場では、行政の調達行為によって維持されてきた発注者優位という強固な構造が極限にまで開拓されてきた。その歴史的経緯から、公契約条例は行政が自ら不正常な歴史を是正し、発注者から重層下請構造の解消を発信するのが公契約条例であって、建設産業の市場構造、とくに下請重層構造の不公正を改める狙いなどがある。

また、財政運営方式における発注者の一方的な法的優位性を背景に、行政が公契約、公共調達に競争強化政策を進めようとする。その圧力が、一人親方という熟練労働者でありかつ指導工という次世代技能労働者への技能の伝承、継承の役割を放棄させ、ただの"手間請負"的形態の個人請負とするなど、経費削減の視点から自営業者化に追い込んできた。下請事業者層におけるこれらの変換は、技能継承の断絶、雇用の不安定化、官製ワーキング・プアの増加等、過当競争政策の弊害を生んだ。これら過当競争やその波紋である労働、就業者の労働の劣化という事態に、行政自らも是正に努め、公契約、公共調達が公正かつ適正な公契約市場に戻すためのベター・プラクティス（よりよい実例）を実現する。これらを基に公契約市場が正常な取引軌道に戻すように努める。この行政の自己努力を通じて地域経済に活力を取り戻し、正常な「公契約市場」に改め、効果的に経済波及を広め、正常に機能する労働市場構造に作り直す。つまり正常な経済循環、効果的な経済波及の公正な市場構築が射程内に入ってくる。

財政危機対応の公共政策

財政危機の進行には歳出抑制が、他方、高齢社会や少子化対策、教育負担軽減等の行政需要の増大には歳出増加が同時に求められる。

財政運営は一方で抑制が、他方で歳出増が求められる。こういうディレンマの中、公契約、公共調達の改善や国民・市民ニーズ充足には、その改善に必要な財政および行政施策の改善が求められている。競争強化政策だけではこのディレンマを克服できない。したがって、新たに行政側から積極的に打開策を示し、公契約市場改善への道筋を示さなければならない。いまそうした歴史段階に至っている。

　これらの要請に応えるには、行政体のみならず国民、労働者に直接関わる領域で改善政策を模索し、提示し、協議して改善方策を迅速に履行することが求められている。自治体は、地域経済循環過程の波及効果を総合的視点から検討して、財政収支の改善を推進する等、自律的に持続可能な地域と国の経済基盤強化につなげていかなければならない。

　公契約、公共調達には、こうした新たな視点から、公的機能として必要な公契約、公共調達の役割がただ安価な公契約、公共調達の実現だけを目標とする姿勢を見直さなければならない。今日、行政だけでなく、産業の担い手、労働者、市民等がともに行政をわがこととして係わる主体性に裏打ちされた政策形式の場の形成が要請されている。

第2章　　公契約条例の現段階

1　公契約条例制定による賃金水準の現状

　2018年12月18日、世田谷区財務部は同区議会企画総務委員会に対し、2019年度に向けた「公契約条例に基づく労働報酬下限額の改定について」の議案を提出し、了承された。この改定によると、①予定価格3,000万円以上の工事請負契約については、国土交通省定義の51職種技能労働者については同省がさだめる設計労務単価（東京都）の85％以上（ただし見習い・手元等の未熟練労働者、年金受給者による賃金調整労働者については軽作業員の70％以上）、51職種以外の労働者は2017年度の1,020円から1,070円とする、②予定価格2,000万円以上の業務委託（工事請負以外の契約）については労働報酬下限額を1,070円とすることに決定した。

　多くの自治体では、労働報酬下限額の2019年度改定は新年度に入ってから明らかになる。業務委託の労働報酬下限額について上位10位までの自治体（2018年度）をあげれば、千代田区の下限額1,042円がトップ、これに次ぐのが世田谷区の1,020円であった。以下、足立区、港区（要綱）、相模原市が1,000円、川崎市が995円、渋谷区が993円、神奈川県厚木市が988円、新宿区、埼玉県越谷市が960円などであった。いずれにしても、世田谷区の1,070円は、公契約条例をもつ自治体の中でも上位に位置するであろう。

　公契約条例に盛り込まれる目標、課題は多様である。ただ条例で定める公契約事業に雇用される労働者の賃金下限額に関する規定は、基本であり、かつ重要事項である。財政危機が緩和されない今、公契約条件に係る建設業や業務委託の事業内容の改善がなぜ必要なの

か、それは、のちに詳しく検討する。ただ、今日の財政危機のもとでもなお、改善の可能性があることに若干触れておこう。

のちにも述べるように、1990年代の中頃から始まる「建設国債」（借入金に対応する施設などの"資産"がある）の発行に加えて21世紀に入ると「特例公債」（いわゆる赤字国債）が加わって、税収を大きく上回る歳出増が継続した。このことから、財政危機を収束できない状況に陥ってしまった。

財政均衡が重要な行政課題であることは言うまでもない。しかし現状は、プライマリー・バランス（基礎的財政収支のこと。公債費を除いた歳出と借入金を除く租税収入＝歳入とのバランス）の達成目標についても、安倍政権下で掲げた政府の政策目標達成時期を2020年度から2025年度へと先送りした。ただ、目標達成年度を先送りすることはできても、おそらく2025年度にも目標達成には至らないだろう。なぜなら、いままで一度も実現できなかったからである。プライマリー・バランスの達成は事実上、困難だとみられる。

しかし財政危機の進行から、公契約に関連する公共事業、業務委託に係る事業者にとっては、入札・落札価格の決定をめぐる市場取引の過程、とくに入札・契約に極端な競争強化政策が導入・促進されてきた。その結果、落札価格が引き下げられ、それを起点に参加する事業者同士での競合が深まった。そして契約価格が引き下げられた。契約価格引下げは下請単価の切り下げにつながる。それが就労する労働者の賃金などをはじめとする労働条件を悪化させ、官製ワーキング・プアが大量に形成されるようになった。

財政危機に発して公契約市場に持込まれる競争強化政策が引き起こした市場取引は、建設産業、公共サービスを担う多くの事業分野に大きな変化を与えた。すなわち、公契約市場を担う企業は必要な質と量の労働者を確保できなくなり、産業や経営の危機、労働者の

貧困化を広げた。このまま事態が進むことに危機を感じた地方自治体は、公契約条例を制定し、条例を通じてこれら複合する危機的事態に対処すべく新たな挑戦に乗り出した。それが、公民の新しい連携をとった経済活動のシステムを転換し、新たな好循環を生む公契約のあり方への挑戦、その法制化となる公契約条例で、地域から発信する下からの改善の試みが始まったと見ることができる。

2　公契約条例と要綱制定自治体

　現在、公契約条例の制定自治体は53自治体（県が7自治体、市区町が46自治体）である。このほかに条例ではないが、指導要綱（要綱は議会の採択を経ない行政指導）で、賃金などの改善を進める自治体が1県、さらに4区12市において公契約市場に関連する賃金などの労働条件や公契約案件遂行の改善策を進めようと試みている。これら公契約改善の条例や要綱は、各々の自治体の意向を織り込んだ政策目標と目標達成の諸手段を70自治体が採用している。制定された条例や要綱では様々な形をとって、改善への取組みが始められている。

　公契約における主な基本的政策目標は、①競争化政策の結果である官製ワーキング・プアを解消する、②適正な賃金を支払える公契約市場とその環境を構築する、③地域の社会経済がコスト削減一辺倒の経済緊縮路線を脱して、安定した経済の上向き軌道の構築を目指すなど、新たな公契約路線を志向している。安定した経済成長の基礎は、賃金・労働条件の改善である。

　だが、賃金・労働条件改善に対応できる企業経営またそれが可能となる地域経済をいかにつくるか、それが同じくらい基本的な課題である。この課題の達成は一朝一夕にはいかない。まして行政発注の公契約市場領域に限定された政策での対応で、どこまで賃金引上

げ目標を達成できるか、それは一筋縄ではいかない課題である。

　こうした状況のもと、公契約条例の制定の地域的状況をみると、首都圏、なかでも東京都内で進んでいる。都心区では、千代田区、要綱の港区に加え、条例で渋谷区、要綱の新宿区という副都心地区、そして世田谷区、足立、目黒区、江戸川区の４区で条例、要綱では杉並区、台東区など住宅地区にも展開している。さらに東京都多摩地区では、先行した多摩市、さまざまな経緯を経て制定に至った国分寺市、さらに日野市でも制定された。

　さらに神奈川県では、川崎市、相模原市という二つの政令指定都市、そして厚木市で制定されている。さらに埼玉県においても、草加市、越谷市で条例が制定され、富士見市で要綱が定められている。千葉県では、全国で最初に条例を制定した野田市、そして我孫子市で制定され、流山市、市川市で要綱が定められている。群馬県では、県都前橋市で条例が制定されている。かくして条例制定においては東京都を中核に首都圏に一定の広がりを生みつつある。

　北から見れば、北海道旭川市、岩手県及び花巻市、北上市、秋田県秋田市、由利本荘市、県の公共調達条例では2008年と先行し第三者委員会を設ける条例構成で改革実行の点検体制を設定した山形県、福島県では郡山市などで制定されている。なかでも、山形県公共調達条例は県条例の最初の制定である。その制定は都道府県単位で全国知事会において公共事業改革を進めた部会委員長の位置にあった山形県知事が自ら垂範して制定した条例である。

　また長野県、岐阜県は県条例があり、岐阜県では大垣市、高山市の２市で制定されている。愛知県では県条例のほかに、豊橋市、碧南市、尾張旭市、豊川市、大府市、田原市の６市で条例が制定されている。加えて豊田市が要綱を定めている。中部地域では東海地区で制定され、静岡県で制定されると東海道に条例制定が展開するこ

とになる。この東海道ラインの延長線上に位置する三重県でも津市、四日市市の2市で制定された。

なお北陸地方の動きは少ない。条例では石川県加賀市がある。

近畿地域では、県条例が制定されている奈良県及び同県大和郡山市が制定された。京都府では、府条例が論議されたが制定には至らず（府は要綱を定めている）、京都市で条例が定められている。兵庫県は条例ではなく要綱を定め、また同県内では三木市、加西市、加東市、尼崎市、丹波篠山市の5市で条例が制定され、また宝塚市で要綱が定められている。和歌山県では湯浅町で条例が制定されている。

中国地方では広島県庄原市で条例が制定され、山口県宇部市で要綱が定められた。四国地方では、高知市、香川県丸亀市が条例、九州・沖縄では、沖縄県と福岡県直方市が条例を制定し、佐賀市が要綱を定めている。

3　公契約条例、要綱等の諸類型

適用対象・範囲

公契約条例は一般に建設・製造委託、業務委託など公契約事案のうち、一定金額を超える案件を条例適用の対象としているのが普通である。自治体の規模によって公契約条例適用件数には多少の差がある。多くの公契約案件のうち、一般に建設委託では3,000万円以上、製造委託ではやや低く1,000〜2,000万円以上、業務委託では同じく1,000〜2,000万円以上を条例適用の案件としている条例が多い。

条例適用の件数が多いと、条例実施に伴う入札・落札・契約案件が増えるのはもとより、契約実施に必要な事務手続きやその実施後の点検・検査など、関連した業務量が膨らむ。対応できないほどの業務量になってくる恐れもある。そこで、行政組織の対応力に一定の制約を設ける、条例適用対象を徐々に拡げる方向をとっている。ま

た、公契約を通じて、自治体の政策目的を実現するには大型事案を中心に据え、政策効果の浸透度合いを効率よく高める姿勢をとっていると考えることができる。

これらは自治体から直接発注する契約案件を対象とする。しかし、これら行政部門のほかにも、例えば地方公営企業形態で実施されている上・下水道事業、交通事業、さらには医療、福祉、介護事業など、通常の行政部門からは独立した公的事業でも行政権限が及ぶ契約案件に対しては公契約条例の適用対象にすることもできる。

ただし、事業によっては適用の是非の論議も必要であろう。適用対象事業や範囲は、行政の執行姿勢によって定めることができる。かつて、東京都では印刷物の調達行為は「物品購入」という範疇で扱われた。完成品である机や椅子、ボールペンなどと同じ扱いであった。しかし、印刷物の調達行為は、周知の通り原稿作成後、入稿や複数回の校正などの工程を経て校了、その後、印刷、製本工程などを経て完成する。これらの工程に見られるように、印刷物の調達は明瞭に製造委託行為である。東京都の印刷関連産業団体である東印工組やグラフィック工業界および労働組合などが連携し、東京都や都議会に働きかけ、数年の交渉・協議の後、印刷物発注案件を物品購入から製造委託に変更させた。この変更により、印刷物の調達は公契約事項の範疇に変更され、いまでは試行的に最低制限価格調査制度などの対象とされている。

公契約、公共調達における条例適用の範囲は、金額、事業範囲、調達内容等々によって変わるものであり、弾力的でもある。

公契約条例制定における目標設定の意味

公契約条例で最も重要なことは、他の法規や条例と同じく条例に明確な目標を設定することである。自治体は、いうまでもなく国民、地域住民にとって最も身近な行政サービスを提供している。住民に

密着した行政機関である自治体にとって、行政サービスを実施するにあたって欠かせない公契約、公共調達は、行政が求めている様々な行政目的を達成する手段に深くかかわっている。このことから現実の調達行為は様々な形で遂行されている。

　公契約、公共調達では、民間事業者などから様々な業務、商品やサービスを調達して行政目的を達成する。行政の調達行為は、まず入札、契約等の手順を経る。これらの手順、形式を必要な業務取引行為としてみれば、建築、製造、サービスの調達はいずれも経済的活動である。経済活動としての公契約、公共調達は、行政と民間事業者との取引関係の中で独自の行政目標を設け、契約案件遂行の過程で、定められた目標が達成される。つまり、市場との取引の中で、取引とあわせて行政活動が行われるという関係の二重構造をつくっている。

　この取引関係における協議の形式は、取引力を背景とする力と力の交渉ではなく、合意による契約に行政活動が含まれる形式をとる。その活動形式は契約当事者間で行われる協議などを介した合意、すなわち公・民の間における契約行為で遂行されるのである。

　契約締結は入札者の間にある価格差、つまり価格が決め手となる。契約価格が、行政だけでなく、公契約に係る民間事業者で構成される「公契約市場」、さらに契約取引を介した行政活動であるとともに経済行為であるから地域経済に直接的影響を与える。

　また、これら公契約という業務の遂行やサービスは、そこで実現される行政行為の質、すなわち行政活動や市区町村民への行政サービスの質や水準を決定する公共空間でもある。かくて公契約、公共調達全体に様々な行政活動が目指す政策を織り込み、公契約行為を介して「公契約市場」と地域経済社会により良い経済効果、有効で質の高い行政サービスを提供できるよう工夫することができる。公

契約、公共調達はこうした多面性を有している。

　今日、多くの自治体で制定されている公契約条例には、公契約、公共調達に係る就業者、労働者の賃金・労働条件の改善、地域経済の担い手である中小企業（者）の経営（環境）の改善、そして地域経済社会のレベル・アップなど、さまざまな目標が埋め込まれている。

　これらのどれを重点政策とするか。またどんな手段で地域での行政活動の効率化、効果を高めるか。これらについては自治体と議会だけでなく、地域自治の担い手としての地域住民やその組織などとの意見交換や協議を通じて、政策目標を織り込み、政策実現に分け入ることになる。

　具体的な目標設定とその達成の仕組み、政策実現の手段をどのように構成するのか、それはまさに自治体の意思により様々な内容を盛り込める。

　これを労働組合組織から見ると、「公契約市場」を通じて行政活動を支える民間の労働者が、適正な賃金などを得て、正常な生活水準を維持し、質の高い施設建設や行政サービス水準を供給するように求めていることを意味する。もっといえば行政にもどのようにより良い事務・事業を推進し、それに相応しい賃金・労働条件を獲得できるのか。それらを実現する政策手法を示し、条例制定に基づく行政運営が求められている。この行政活動への社会的要請やその実現方法は、まさに今日的な正当性を持っているといわなければならない。しかし、それを実現する手法には様々な工夫、注意事項がある。

　明確な目標をもった公契約条例が制定されても、この条例制定が政策目標を一気に実現することは稀といわなければならない。だが、基本的な方向に一定のレールを敷くこと、このことを確認するような条例制定の場合には、いわゆる「理念条例」と呼ばれ、主として抽象的規定が定められている。理解を深めたのちに、実効力ある条

例に進むというステップを踏んだケースも見られる。実効性を持たない理念としての公契約条例と実効性を持つ公契約条例との区分は、あくまでも条例制定目的等に準じた区分で判断されることになろう。

　公契約条例は、理念というよりも具体的な実効力を持つことで地域社会・地域経済に対する行政の明確な政策意思を提示し、その方向に沿って効果的な政策が選択されることになる。すなわち政策遂行は、その実効性にこそ意味がある。実効性重視の観点にたてば、理念条例としての公契約条例は、現実への政策対応が不透明だとの理解が示されているかもしれない。行政がその機能や役割を問い直されているとき、行政が自ら現実に実効性をもつ具体策とその実現手段を採るべきである。それを示せないとすれば、現状の行政機能の危機を表示しているといわれかねない。

審議会の機能

　公契約条例の役割は、条例文に込められた実質的機能もさることながら、何よりも条例の運営をどのように進めるかによって、実際の効果が決定されるといって良い。むろん条例の目的や内容、目標達成の手段、それらを進める行政や地域社会との協力の体制構築や条例の運営方法など、実際には多くの要素が係わっている。しかし何よりも重要なことは、条例に規定された課題に対する運営体制への組織的対応いかんでその良否が問われる。条例制定効果を決定づけるのが、条例の運営規定などによって設置される審議会である。

　審議会の中心的課題は、条例運営に当たって行政、議会そして「公契約市場」に係る関係企業群との協調を規定した条例運営の基本方向を積極的に提起することである。すなわち、政策効果を推進する機能、これが審議会の役割である。通常は、国際労働機構における運営原則である三者構成を反映した組織と運営が基本である。

　三者構成とは、労・使および公共ないし公益委員から構成される。

労働条件は原則的に労使間の自主決定による。だが、公契約条例における審議会は、労使交渉に委ねない自治体の行政行為に対する調整機能が係わりを持つ。だから、労使とともに何よりも公契約、公共調達における一方の発注者という位置にたつ行政を加えた三者構成という組織である。しかし、公契約条例（法）には、行政、議会も係わる。そのために行政組織からは独立した委員会を組織することが普通である。すなわち、行政が審議会の設置を決めて、労・使組織の代表に加え、公益委員で構成される三者構成の形をとる。

一般に日本で設けられる審議会では、審議会組織が、国、地方ともにそれぞれの法規定に沿う委員会組織であり、その組織化の経緯から行政主導の運営が行われる場合が多い。多くの審議会は円滑な運営が重視されるために行政主導型運営が多い。

だが日本の行政組織運営とは違い、国際的に見れば、ILO 条約・勧告の実施促進のために三者協議法制が採択されているが、この運営組織の仕組みは基本的に民主的で、効率的な組織運営をねらって組織されている。その点で、組織運営、ガバナンス機能の上でこの方式が進化した形態であることを示している。政（公）・労・使という三者構成でも、多くの事案が専門家による検討を踏まえる形をとる。そのために、行政が設けた委員会では行政代表者は裏方に回り、代って労使と専門家、すなわち主として公益委員による審議を経た事案を三者構成で審議する体制を採っている場合が普通である。

条例制定においても、三者構成の趣旨に沿い、自治体主導、行政指導型の審議会運営よりも、政（公）・労・使の三者構成原則に立てば、審議会機能の位置は、条例実施への広角的視点に立った公正かつ中立的な運営を基本とすべきであろう。

自治体における審議会の開催状況を見ると、年間に１回か２回という例が多い。条例制定の目標に対する検討課題の量からみれば、対

立する意見の調整等には少なくても4回から5回程度の開催頻度を要すると思われる。

　ただし、より基本的要請は、審議会が何をするのかを明確に規定することである。条例運営にあたり、公契約審議会はどのような役割を果たすべきか。例えば、①いくつかの点で、条例運営に関する基本運営事項を示すこと、②審議会に条例適用とその案件に関する運用情報を十分に提供させること、③「公契約市場」に公契約条例の趣旨、手段等に関するルールを浸透させ、事業者、就業者・労働者に条例とその趣旨を普及・浸透させること、④審議会に係る行政部局の担当組織が、他自治体の情報、議会の動向、住民の評価等に関する適正な情報を提供すること、⑤公契約、公共調達に関する審議会の審議が基本的に公開されること、等である。これらが実現されれば、効果的な議題設定、迅速かつ的確な論議を進めることができるであろう。論議の前提が効果的に整えられれば、少ない会議の開催数でも有効な論議ができるかもしれない。

　しかし条例制定後、あまり時間を経ていない段階で、これらを集中的に論議できる審議体制を築くことは簡単なことではない。まして審議会を効果的に運営する体制を築けるかどうかは、行政体の努力とともに、関係者の力量が問われる。

　とくに重要なことは、①公契約に係わる業界団体の対応力、②労働組合の組織間に存在する相違を超えた協力体制の確立、③住民への情報提供、④地域社会にある見解の相異を乗り越え、行政政策へ意見を集約する行政努力など、条例自体の制定から運営体制を支える行政とそれら関係者による組織的力量の涵養が欠かせない。

　審議会は決して行政任せにすることであってはならない。また逆に、行政には業界団体や事業者、労働組合や労働者、その他の住民団体等からの要望など、地域社会にある潜在力をよく検討し、それ

らを育む努力が求められる。こうした注意深い努力、住民の要望を汲みとる努力等が欠かせない。

　この点は、世田谷区の事例などを参考にすると、ある種の有効な参考条例として活用できる手法が見えてくる。既成の組織に対する信頼が必ずしも強くもてない現代社会では、行政に集まる地域の組織力を一括りにできる簡便な手法などを容易に見出せるものではない。地道な試行を積み上げるしかないともいえる。

　とはいえ、行政運営は、首長の交代、議会政治の構造変動、地域経済社会の変化による行政需要の変貌等、条例運営の環境は流動的で、変わることが予想される。その意味では、審議会の機能を活発にし、行政は審議会の主体性を確立・維持するとともに、公契約をめぐる関係全体を把握しながら、社会経済の変化にできるだけ柔軟に適応できる効果的運営体制を築く必要があろう。すなわち、審議会の自律的運営が要となる。

制定効果・罰則規定

　条例の効果的運営には、どのような手法が必要なのか。これが条例制定後の自治体にとっての大きな課題である。条例制定は、あくまでも行政と「公契約市場」の改善を図りつつ、政策を実現することが中心課題である。この課題を効果的に進める方法を、どのように考えたらよいであろうか。

　手っ取り早い方法は、公的機関が有する権力を活用して、規定されたルールを強制力で守らせるのも一つの考え方ではある。しかし、権力行使依存の「公契約市場」は、必ずルール逃れの手法も"豊かなもの"に再編され、遅かれ早かれ、強制力の効力は条例制定の有効さを弱めてしまう場合も考えられる。

　公契約条例制定に際して、公契約により強い罰則規定を設けなくても、従来までに積み上げてきた公契約に関する経験則、既定の罰

則規定、たとえば「契約事務規則」などで対応できる事案も少なくない。したがって、既定の罰則規定に加えて、新たな罰則規定を設けることも一つの政策選択肢に上げられるかもしれない。だが、民事契約方式を基本として交渉でなく、契約で改善を進める公契約条例においては、罰則規定などに実効性を恃むよりも、以下のような手法が有効ではないだろうか。

　すなわち、①行政職員への条例趣旨の徹底、②事業者、とくに下請事業者などに対する条例の周知、③何よりも就業者、事業者に対する条例内容とその実施方法を周知徹底すること、④疑問、違反事項に発注者は情報提供の回路をしっかりと構築すること、⑤審議会にも情報提供、調査権限を与えること、⑥契約約定にこうした調査権能を元請が発注するすべての下請事業者にも周知し、施工体制台帳記載の下請事業者などに合意文書類を提出させること、⑦発注元や審議委員の訪問、調査等を受け入れ、それに合意する体制で契約するようにすること、⑧条例の周知、手続や決定過程、審議会運営の公開性、透明性を高めることなどが検討されるべきであろう。

　罰則を設けることも効果的条例運営と実行力を備える有力な一つの手段である。だが、周知、調査、論議の場への情報提供を義務付ける契約約款などを設けるなどして、契約実施過程での情報開示を重要視することが効果的であろう。情報開示は何よりも、公契約案件に潜む発注者側にある課題の発見にも役立つ。すなわち、有効な情報をフィードバックできる透明性の高さは、民主的な体制づくりに寄与する。これには、国際的労働条件設定の基本とされる三者協議体制が活かされることに繋がっていく条件となる。

　現実には、公契約条例の政策目標を達成するのは簡単にはいかない。現場で、条例の効果を適切に調査する手法すら容易に実施できない事例が少なくない。とくに２次下請から３次下請以下の下請事

業者になると、元請企業も容易にその実態把握や条例遵守の約定で契約できない事象がいくらでも出てくる。条例制定は、いかに罰則規定を織り込んで実施しても、改善効果を定着させることは難しい状況にある。それは改善を急がなければならない課題であるが、同時に息の長い努力を要する課題でもある。

　実は日本の経済社会における公契約改革の課題は、それ自体を法的強制力で進めること以外にはとてもできそうにもないようにも思える。考えてみれば、日本経済の基底は、まさに下請重層構造を土台とする、すなわち、利潤確保、リスクの転嫁などを下支えにして成り立っていると理解しても誤っているとはいえない。3次下請以下の下請企業階層の労働者や労働の実態を把握することすら容易ではない。それが現実である。しかも、その現実を根底まで正確に把握さえされていない。この現実こそが改善課題なのである。こうした限界を条例運営によって改善させながら、自治体行政が依存する「公契約市場」改革に向き合っているのである。

行政指導要綱

　このほかに、条例抜きで、行政指導で実行することも一つの手法ではある。条例と並んで、「指導要綱」という、行政が指導する権力行使の方法も、改善に効力を有する。これは条例制定という手間を省き、行政職員を容易に投入できる。しかしこの手法は、参入、導入や実施も容易であるが、首長の交代などを機に容易に撤退もできる。

4　賃金・労働条件改善の新手法と、手法を生かす
　　限定された契約条件

　公契約条例、公契約に関する指導要綱（行政指導）の展開には、それ相応の理由がある。21世紀になって公契約市場に対して、行政が

強力に推進した新自由主義的な競争化政策が行き過ぎ、この行き過ぎが就業者・労働者に賃金・労働条件の低下、雇用構造の劣化・不安定化を生んだ。それは賃金・労働条件だけを狙い撃ちしたのかもしれないと思えるほどである。

　ただ、賃金・労働条件の低下は、狙い撃ちの結果というよりも、契約決定過程に埋め込まれた企業間競争の強化や企業間の支配・従属の関係の活用を通じた行政執行の過程によってもたらされた総体的な結果であるというべきである。

　行政指導により、就業者・労働者の賃金・労働条件、雇用構造の歪みを改善する方式は、直接的な権力行使による改善策を採用することであり、正当と思われるかもしれない。ただ、このところに重要な配慮が求められる。

　それは、①自治体行政が管轄する一定の地域エリア、行政権能を遂行できる領域における経済的な関係の改善である。それに加えて、②自治体が置かれている法的制約がある範囲における公契約市場との関係づくりであるという限界にも配慮しなければならない。最小限でも、これらの２点を考慮しなければならない。

　まず、自治体の経済空間は、国民経済、全国市場を対象にする国法と違って、行政区域に限定される。それが公契約条例の権能であり、自治体の権力行使だけでの改善を期待するには限界がある。それだけではなく、地域経済の中での改善課題が中心に座り、他地域への"越境"ができなくなっているという制約条件を認識しなければならない。同時に、地域経済の担い手は中小企業・小規模企業経営であることを踏まえ、一定の地域空間に限定された公契約条例の効果を想定している。つまり、地域経済という地域市場空間に有効で、他の自治体には大きな作用を及ぼしにくいという限定された制約性を踏まえ、実施可能な改善策に限定されていることを考慮しな

国民経済と地域経済との間の相違では、賃金・労働条件改善への弾力性（適応力）には大きな差がある。ただし、地域経済の重要な構成要素である中小企業・小規模企業経営（経営収支、つまり利潤量に限定される）という狭い枠に賃金・労働条件の改善を閉じ込めることは、賃金決定論としても決定的な誤りであるといわなければならない。

　国法では、現在の最低賃金法の骨格に企業経営の支払能力を上限に限定された行政指導型法規定で最低額の水準決定方式をとっている。それゆえに、低賃金・劣悪な労働条件を温存させ、かつ地域間賃金格差が長期に固定化されてきた。最低賃金制を梃子に地域経済、国民経済の水準を引上げなければ、今日の日本経済のように国民経済の成長軌道は白骨化してしまう。

　現実の賃金・労働条件は、経営収支の枠組みに閉ざされた硬直的な従属変数ではない。しばしば賃金は経営活動における賃金支払い能力、経営の賃金源資枠に規定された市場需給と生産性の恒等式における定量的枠内に限定されると言われる。

　しかし、この命題には余り正当性はない。賃金・労働条件の決定要素は、生産設備、原材料、生産方法やその革新による費用構造だけで決定されるのではない。つまり、賃金・労働条件は、企業の商品企画力や多様な生産方法、労働者の能力に規定される費用構造をはじめ、輸送・在庫、販路や保険・金融等からなる経営をめぐる取引関係全体の総合的システムで構成される。その内容は極めて柔軟なシステムであり、賃金水準も多様な要素の組み合わせのなかで相互作用によって決定される。

　それは、今日の企業に積み上がっている巨額の「内部留保」を見れば明らかである。総合的システムの一構成部分である賃金・労働条

件決定は、地域経済といえども弾力性は高く、企業の支払能力という企業経理のバランス構成に封じ込める考え方は、経済活動のダイナミズムを無視した空論である。ミクロのバランスがマクロのインバランスを生む典型的事例が、企業の支払能力に限定された賃金・労働条件論である。この神話が払拭されなければならない。

　ただ、「出入国管理及び難民認定法」の改正によって外国人労働者の在留条件の変化が生じた。これに対応するために、外国人と内国人との均等待遇、とりわけ地域間賃金格差を固定化してきた結果、大都市部への外国人労働者が集中することが不可避となると予想される。この偏重を是正するために提起されているのが、最低賃金制の地域格差固定化の是正が不可欠の条件となるとの方向が強まっている事象がある。これを示すのが、自民党政権の選挙政策を絡めた全国一律最賃制への接近である。全体不均衡が部分均衡によってどこまで是正されるのかは未知数である。しかし、この是正措置は最低賃金制の是正以上の有用な政策効果をもつであろう。

　だが、だからといって収益単位の基本である経営という枠組みを全く無視した賃金・労働条件（とその水準）を形成できるという政策対応は、これまた地域中小企業、小規模企業経営の基礎条件を壊すことにもなりかねない。収益性を無視した賃金・労働条件の改善が実現されることは少ないことを理解しなければならない。

　第二に、自治体は、法的には労働法の執行組織である厚生労働省などに準じた権能を執行できる組織ではない。このこともまた、認識しなければならない。自治体は、地域経済振興を目指す一環として賃金・労働条件の向上を図り、それを地域企業に求める法的基準としての賃金水準を設定し、それを実行させる行政権能を有しているわけではない。したがって、公契約条例制定は可能であっても、その規制力、実行手段には労働法と異なって一定の制約とそれをふま

えた柔軟な活動方法と領域を設定すべきだと考えなければならない。

ただし、自治体の条例制定や要綱等を活用した多様な政策を埋め込んだ公契約条例で、権力行使、罰則規定、また集団的団体交渉などとは異なった当事者双方の合意による契約方式によって、賃金・労働条件の改善を漸次進める道を敷く方法をとることはできる。当然、そこには多少の工夫を埋込まなければならないだろう。各種の工夫についてはのちに述べる。

一例をあげれば、建設業では国土交通省が毎年設定して、行政が予定価格を積算するのに用いる51職種に関する「公共工事設計労務単価」というデータ（資料）がある。予定価格を積算する重要な基礎資料である。入札、落札を経て契約が成立する、行政行為にとっての重要な資料である。「設計労務単価」は国土交通省公表資料には、2018年度まで「設計労務単価」には現場の支払賃金額を決めるための基準値ではないと付記されてきた。法的には付記が示す「設計労務単価」の内容についてはその通りなのである。

だが、この資料は、架空の、思い付きで作成されているのではなく、一定の事業所実態調査方式に基づいて作成されている。つまり、現実の賃金実態を掬い上げて作成されている。この点が重要である。現場賃金の基準値を提示するものではないという意図が表示されており、行政執行による労働条件執行の基準や法規となっているものではない。

ただ提示された積算基準値は現場実態を反映しているのである。そのうえ、この現場実態を反映して予定価格が積算されている。これが公契約事案の経費構成に何の影響も与えないとか、影響させてはならないという論理は成り立たない。つまり、公契約に対する改善の意思があれば、活用できる行政資料であり、また活用しなければならない資料でもある。

これらを活用するかしないか、活用するとすればどのように活用するか。なぜ、誰のために、どのように活用するか。それが問題である。自治体や議会が、労働基準法にかわる条例を制定して、賃金・労働条件を改善するというものではない。公契約の約定の中に、賃金・労働条件に限るわけではないが、改善すべき政策課題を盛込むことができる。その点で、公契約市場の改善方策の中で十分に運用すべきデータである。

第3章　公契約条例がもつ多様な意味

1　公契約条例にいう「公契約」とは

　行政が行政行為に伴って商品・サービス（役務）を購入し、また建設物や製造品の発注、完成を契約するなどの取引行為を「公契約」、「公共調達」という。公契約、公共調達は、現在もそうであるが、歴史的には近代の国および地方行政機関が組織されて以降、一定の法的裏づけをもって長期にわたり継続的に行われてきた。そこから公契約、公共調達の基本ルール、取引規制措置が積み上げられてきた。公契約（法）条例の制定を踏まえて、条例制定との関係を知るために、これまで行われてきた公契約、公共調達の原理を見ておこう。

自由契約原則と公契約条例に織り込まれる合意事項による履行義務

　公契約、公共調達は、その取引に際して考慮すべき法規をその形式から見れば、民・民の契約と同じである。つまり当事者間での合意に基づく自由契約原則、つまり当事者双方の合意で成立し、実行される。それは、各契約当事者が対等、平等に協議し、合意して契約する行為を介して遂行される。ただしこの公契約、公共調達における当事者である公・民の双方ともに自由契約原則に基づく合意によるだけなのか、となると若干留意すべき点がある。

　すなわち、まず一方に行政の契約当事者があり、法的形式では行政とは首長である。ただ実際には契約案件が多いため、行政の当事者は首長だけでなく行政組織自体あるいはその内部組織があたるのが通常である。首長がすべてに関して直接折衝するわけではない。一定金額の案件に応じて、分権化され、権限委譲される領域がある。

　それとともに、行政から独立した公営企業、行政の出資先、補助

金交付先、さらには指定管理者やPFI事業など、何らかの形で行政が参加、参画する組織ないしは機関が公契約、公共調達に係わっていると見なされる。したがって、首長以外の担当部署、これら組織運営者も公契約当事者になりうる。

　第二に契約金額（「予定価格」等）が一定額以上の案件が条例等で規定されている場合、公契約にも行政執行に係る首長権限が規制され、議会の承認や議決を要するなどの規制もある。だから、一般の私人や法人の契約とは異なる要件が生じることもある。

　第三に会計法に基づき、契約は、「売買、貸借、請負その他の契約」と広い範囲にわたり、契約形態も異なる。

　したがって、これら公契約、公共調達に対する規制は、単純に民法的な自由契約原則だけだと決めつけるわけにはいかない場合がある。

　ところで公契約条例にいう公契約、公共調達は、通常の公権力の直接行使とは異なる。原則的に民法に則った双務契約と変わらないことが基本だからである。つまり各契約案件は公契約条例が定める規定を承認し、そのうえで受注希望者が応札し、落札すれば契約するという過程をたどる。公契約条例が適用されるのは、すべての公契約案件ではなく、一定水準以上の予定価格、契約額など公契約において一部の制限要件が設けられるのが普通である。これら公契約条例適用案件では、条例が定めた一定水準以上の賃金支払い等を遵守しなければならないなど、特定の約定が設定されている。公契約条例による労働報酬下限額など、関係する労働者の賃金水準等に制約が設けられるからである。

　だが、この場合、公契約条例が定める制約条件の及ぶ範囲には注意を要する事項がある。それは該当案件を契約した企業に関連する「現場」だけにしか公契約条例の効力は及ばないという限定要件があ

る。だから公契約を果たした企業全体の賃金水準や賃金体系に変更を迫る約定はない。

さらに条例規制が及ぶ範囲は、契約案件に従事する現場労働者のみに限られる。つまり賃金水準の確保や改善に必要な変更は、契約した現場だけに遵守義務が課せられる。公契約の受注事業者と発注者である自治体との間の契約、公契約条例の約款・約定は合意案件（その現場）のみに限られ、契約案件以外の現場に規制は及ばない。公契約条例の適用事案以外には公契約条例は影響しない。

公契約条例の諸規制は、受注企業の就業規則や労働協約に変更を求めるものではない。労働基準法のように就業規則、労働協約等にも及ばない。

なお、公契約条例の契約約款、約定遵守とは、元請企業だけに限られるように思われるかもしれない。だが、公契約条例の法的効果は元請企業の現場はもとより、元請企業と契約した現場の下請企業および同関連企業にも及ぶ。

つまり元請企業との契約を介して現場の下請事業者など、他の関連事業者に係わって働く労働者の賃金支払（額）にも労働報酬下限額の規定が拡張ないし延長適用される。下請企業労働者の賃金が、公契約条例の定める基準を下回る場合は、下請企業労働者の支払賃金額の改善等、変更が求められる。

ただし改善の範囲は公契約が規定による最低規制を上回るという条件である。この点に関していえば、発注者である自治体と直接契約していない下請企業や関連事業者にも公契約条例適用の案件の現場だけは、元請企業か下請企業や協力会社か否かの区別等にかかわらず、条例適用現場全体が規制対象となるのである。公契約条例の約定が契約案件の現場でのみ契約当事者以外の請負先や外注先にも拡張適用されることになる。

この拡張適用の法源に関しては、これまた公権力行使とはいえないことを再度注意しておきたい。契約者当事者双方における約款、約定による契約事項遂行の基本は、公契約条例が民法契約の約定として、元請企業との契約を介して、下請企業をも拘束する。公契約適用現場だけの範囲に限られるとはいえ、該当現場では元請企業だけではなく、下請諸企業の労働者にも適用される契約要件になっている。

　ここでも公法や労働法規による行政権力行使による現場下請企業の労働者への約定要件を強制するのではない。公契約条例適用案件の合意による契約条項から発した規制力である。したがって規制遵守義務は該当する公契約現場での約定実行だけに限られる。

　双務契約に沿う約款、約定の執行ないしは契約の履行義務は、実行を約した条項に従って生じ、その条項に限って必要な変更等が求められる。このことを理解しなければならない。

公契約と実効性の範囲

　公契約条例による契約案件には通常、労働報酬（賃金）下限額の設定とその実行が求められる。その他に公契約条例では一定の規制事項とその遵守規定が設けられている。条例に規定されたこの労働報酬（賃金）下限額遵守の実行力は、国が全国労働市場に及ぶ権能を有する労働基準法などの規制とは異なる。ただ自治体がもつ行政権限を活用し、公契約条例により契約した民間企業ぐるみで賃金体系の変更等を求めるかのような見解がある。つまり、公契約条例によって自治体が企業の賃金水準や体系の変更等を可能にする権力的に介入と理解する人がいる。だが、これは全くの誤解である。

　公契約条例適用対象である契約は、法の形式では、民法の一般的な双務契約原則に従う。ただ公契約条例制定に伴って新たな約定が盛り込まれる。条例に盛り込まれた新たな約定による制約条件は、

入札前に広く告示され（受注希望者には条例による契約履行の規制を受入れるか否かを事前に判断できる）、入札され（条例の規制を容認して約定遂行可能性の意思表示）、この規制条件に合意することを前提に入札したうえで落札者が決まる。つまり受注企業は新たな約定として盛り込まれた行政目標の達成に応札し、合意し、そのうえで、契約約款の履行を約することになる。

　繰り返しになるが、受注企業は契約条項、約定を自律的に履行するだけである。そこは行政権力の行使はどこにもない。権力行使による行政執行とは異なり、双務契約という契約約定の実行、相互契約の履行として行政目標が実現されるのである。つまり労働報酬下限額の実効性は双務契約から発する効力であり、契約約定の履行行為の過程にある。履行義務の法源は、公法、行政法、労働法などの規制法規ではない。これらとは別の民法の契約を法源とする。つまり公と民双方の合意から生れる履行義務によっているのである。

公契約条例と企業への法的影響力

　受注者（下請企業を含む）は条例で規定された契約案件の一つに、公契約適用現場に従事する労働者の労働報酬下限額を上回ることを約し、その通りに公契約規制事項を実行しなければならない。ただし繰り返しになるが、条例適用は企業全体の賃金水準や賃金体系の変更を約したのではない。このことを明らかにし、確認していかなければならない。

　特定の公契約案件における現場での賃金・労働条件ないしその他の条項以外には、公契約遂行義務を約した元請および下請等の関連企業に何らの変更を求めることはない。公契約を締結した企業の賃金・労働条件は、企業が通常通り自律的に設定し、運営できるわけである。企業が公権力、公的権能やその行使に当たって有している行政権能からは何の変更を求める事項はない。条例適用対象となる

公契約を締結した企業およびそこに組織された下請および関連企業に定められている賃金・労働条件の体系自体（就業規則、労働協約等により定められている賃金体系、労働諸条件）を発注者である自治体から権力行使によって、受注企業や下請企業の賃金・労働条件の体系変更を求められることはない。

だから公契約条例により労働報酬下限額以外に労働諸条件の変更の義務など、自治体が企業にその権能を働かす行政行為はない。公権力を行使する根拠は、公契約条例には全くないのである。民事契約の履行、請負内容が条例規定に沿って約した条項が実現されていればそれでよい。その段階で条例の効力はお終いである。

公契約における契約条項の実効性は、民法にある。だが同時に契約内容の誠実な実行を前提とする。ただしもし実行できなければ、一般民事契約でも違反行為に伴う解約、再履行、弁償などの罰則条項を設ける場合があるかもしれない。その限りでの罰則はありうる。また条例制定に罰則が規定されていなくても、民事契約でも契約不履行には罰則が実行されることもある。

このことは公契約条例ならずとも民事契約に当たり前に備えられている。その意味で公契約の実効性は、民法上の契約、契約条文と同じく自治体の政策実行を遵守する契約義務があっても、それは民法による民・民間の契約関係と同じである。

2　公契約実施過程における行政の役割
　　―公正・中立を明示し、市場における模範事業者となる―

公契約案件の実施では、契約時の約定における公正さ、適正さなどが履行過程でいかに保たれているかどうかに注目しなければならない。公契約条例が、公契約だけを改善する狭い行政行為を規制する条例と理解されているとすれば、それは十分ではない。というの

は、公契約条例による契約行為だけの改善に限られているとすれば、広い行政行為ならびに民間領域と連携する公契約市場の改善を果たすために、実際の契約案件の遂行過程に即した多くの改善課題がある。それらにも有効に対応すべきだからである。そこには条例が持つ独自の潜在的に有効な手法がある。だから、その契約の後工程もふくめた意味を検討しておく必要がある。

公契約条例対象案件の策定手順

一般に公契約条例に該当する契約案件の策定手順は以下のように策定実施される。

まず行政においては契約案件が企画される。この企画とその実施に向け、適正な機能、規格、デザイン等が設計される。それら企画、設計に沿い、これら案件実現に要する諸資材、人工(にんく)等の資材量と人工数等が積算される。そのあと必要な資材、機材、人工数等を拾い上げ、各費目に該当する各品目の市場価格を調べ、値入れされる。それによって予算状況などを考慮し、一種の"希望購入価格"であり、また入札＝購入価格の上限価格となる「予定価格」が決定される。ここまでが入札前の作業工程である。入札を起点とすれば、設計・積算は入札への準備工程といえる。

入札に当たっては、契約案件の告示を経て、受注を希望する事業者が独自に積算した入札価格を見積もって入札に参加する。通常複数の事業者間で競争入札に付される。入札にも指名競争制、プロポーザル制など、案件によっていくつかの入札方式が選定される。入札された札が開札され、規定に沿って落札者が決定される。発注者、受注者間で契約要件が受容されれば、発注者・受注者の間で契約が締結される。

ここで契約に当たって入札内容が適切かどうかの判断に必要なのは、入札者の積算内容＝費用構成（内訳）である。それが重要な情

報を提供する。従来、原則的に費用構成（内訳）を無視した、いわゆる「一式契約」（つまり「公民館建築一式」などと表記）とされ、契約後、受注者は責任をもって誠実に契約履行を約する。いわゆる「責任施工」という契約形式がとられる。つまり、「一式発注」・「責任施工」という形式をとって契約される。それが今日大きく変化し、契約に当たっては入札内容を明示する費用構成（内訳）を明示するようになっている。

入札・契約における（必要）経費の構成と契約執行への移行

　入札は予定価格と入札価格とを比較し、計量して行われる。その際の費用構成は、**図表3-1**のように「工事価格」（消費税相当額を除いた価格が「工事価格」）の提示に表現される。「工事価格」は、①必要な資材および人工（投入労働量）からなる「直接工事費」、②共通仮設費と現場管理費からなる「間接工事費」の合計額とからなる「工事原価」、および③契約案件における広義の利潤となる「一般管理費」からなる。

　入札価格を公正な競争という形式からは、設計が定まっている以上、直接工事費構成で基本的な価格（費用）競争における優劣が決せられる。しかし実際の直接工事費は、工事の進行過程（工程）で順次行われる工事種類（工種）が、実際に工事を遂行する下請企業に請負わせる。しかもここで同一工種に複数の下請企業が階層をなして競争的に参入する生産体制である。

　したがって入札において見積もった費用の内訳といっても現実の工事費用の構成はあくまでも"予定（あるいは予想）費用"であって、工事進行過程において変動すると見てよい。その結果生まれる実際の費用とは乖離する。この乖離の度合が収益を左右する。したがって不確実性は避けられない。そうした未確定の変動要因を含んだ「費用内訳」である。

第3章　公契約条例がもつ多様な意味　59

図表3-1　建設労働者等の雇用に伴う必要経費を含む金額の参考公表

現状
- 公共工事設計労務単価は、国、自治体等が公共工事の予定価格を積算する際に用いる単価
- 建設労働者等の賃金相当額であって、労働者の雇用に伴う賃金以外の必要経費分は含まれていない
  （必要経費分は、別途、共通仮設費、現場管理費、労務管理費の項目で積算される）

【積算体系】

```
請負工事費 ─┬─ 工事価格 ─┬─ 工事原価 ─┬─ 直接工事費 ─── 【歩掛×単価】
（予定価格）  │            │            │                  歩掛（数量） × ┬ 労務単価
            │            │            │                                  ├ 資材単価
            │            │            │                                  └ 機械経費
            │            │            └─ 間接工事費 ─┬─ 共通仮設費
            │            │                            └─ 現場管理費 ※労働者の雇用に伴う
            │            └─ 一般管理費等                                   必要経費が含まれる
            └─ 消費税相当額
```

※労働者の雇用に伴う必要経費：法定福利費、労務管理費、安全管理費など

課題

建設労働者等が受け取る賃金をもとに設定している公共工事設計労務単価が、労働者の雇用に伴い必要な賃金以外の経費を含んだ金額と誤解され、必要経費分の値引きを強いられる結果、技能労働者に支払われる賃金が低く抑えられているとの指摘がある。

【労働者の雇用に伴い必要な経費の内訳】

```
┌─ 労務費（賃金）                              100%
│  （労働者が負担する保険料を含んでいる）
┤
│                      ┌─ 福利厚生費等
└─ その他人件費  ────┤   法定福利費、労務管理費 等     23%
   （必要経費）        │
         41%          └─ 現場作業にかかる経費
                         安全管理費、宿舎費、送迎費 等   18%
```

（注1）数値は、全国調査を基に試算した参考値
（注2）上記のうち、少なくとも労務費（賃金）及び法定福利費は、実際の施工に当たる技能労働者を雇用する建設事業者が負担する費用である

対策

公共工事設計労務単価と、労働者の雇用に伴う必要経費を含む金額とを並列表示し、公共工事設計労務単価には必要経費が含まれていないことを明確化する。

【並列表示イメージ】

都道府県名	普通作業員	交通誘導警備員A
△△県	18,100 (25,400)	12,600 (17,700)
□□県	19,200 (27,000)	12,800 (18,000)

〔上段：公共工事設計労務単価　下段：公共工事設計労務単価＋必要経費〕

（出所：国土交通省Webより）

なおこの際、労務費が重要な費用の構成要素となるが、実行経費においては労務費が工事工程における実行費用の変動、つまり収益動向を規定する要因となる。この点はのちにまた詳しく検討することにする。

契約後の実行過程における基本規定

契約締結後、契約事項の実行は原則的に受注者に委ねられる。契約の形態としては、これはいわゆる請負契約である。類似の契約形態として委任がある。

委任は「相手方に委託し、相手方がこれを承認する」ことでその効力を生ずる。これは医療行為を例にとれば、患者が治療を医師にゆだねる行為と同じである。結果は不確実であることを認めたうえで委任するのである。

委任に対し、請負形式の契約では、民法第632条で規定されているように「当事者の一方がある仕事を完成することを約し、相手方がその仕事の結果に対してその報酬支払うことを約することをよって、その効力を生ずる」と規定されている。これは歯科医院での医療行為と同じであって、完成を約した契約となるのである。つまり、結果の確定が約されている。だから公契約の請負には政策目標を実現する契約実施過程に関して、改善課題を折込んだ契約行為となる。

新自由主義政策、競争を強化された入札方式の採用によって荒れ果てた公契約市場は、入札段階だけでの政策効果が競争強化政策で財政効率化などに限定すれば一定の成果を上げると見なされたかもしれない。だが契約だけでなく、契約の実施過程に結果の確定までの適正な工程が問われる契約行為となる。

これは、落札価格および落札率（予定価格に対する落札価格の比率）が低下し、落札率が低いほど競争強化政策が成果を上げたと評価されることとは異なる基準であることを示している。

競争一本槍の政策では落札以後の履行段階について施工の品質などが軽視されて、履行結果の不具合などを表面化させてしまった。すなわち疎漏工事、手抜き工事、下請企業への指値発注、下請いじめ、出来栄え不良、サービスの質の低下、さらに社会保険未加入等々、社会政策から労働者が排除される問題。さらに工事品質の劣化等にくわえ、後継者難、熟練技能者の未充足等、労働者、経営者ともに建設労働者が公契約市場から流出するなど、建設業界全体に生産力の基本要素である経営資源の劣化を表面化させてしまった。

これらの事実の裏には、発注者である行政の公契約に対する不十分な執行対応が直接、間接に係わっていた。

いいかえると、公契約市場において、発注者による歩切りや品質劣化、下請取引の不公正等々が頻発した。この状況は、行政の担当者ならずとも広く知られた事象となった。公契約市場において不本意な不法、違法な事態を知りつつ諸課題が黙認されてきた。

この事態への行政対応にはいくつか深刻な事態が見えてくる。例えば国家公務員法および地方公務員法等の職務規定に照らせば、行政側の不適切な不法、脱法行為を積極的に是正し、改善する努力義務がある。公契約履行に関して民・民間に不公正取引や不適切な取引慣行があれば、それを改善する責務が行政側にはある。これらを正すべき法規があるにもかかわらず行政運営上で是正されずに黙認ないし無視されることが少なくなかった。

ただ、そこに微妙な問題もある。というのは、現実に建設工事などの請負契約案件に対し、発注者である行政職員が、ある公契約案件における施工途中にある段階またはある工程において、請負契約の履行過程について請負事業者に対し必要な是正、改善させる対応が行われた場合、その行為が発注者による指揮・命令、監督あるいは指示などに当たるとすれば、発注者が契約履行過程に「介入」し

たとみなされるか、または、発注者が受注者である下請企業等の労働者への指揮・命令、監督行為と見なされるかもしれない。

発注者が建設請負案件に対して指揮、命令等を行うと、この「請負」案件に一種の「偽装請負」か、または禁じられている労務請負か「丸投げ」と見なされかねない事象も生じる。「偽装請負」という違法行為に当たらないように発注者が中間検査、適切な施工工程への監視、確認行為をすること、またはそれらを約定等に組入れ、疑義の発生を回避することは可能であろう。これらが危惧される場合、前もって契約約定に工夫し、施工過程を適切に点検する対応方法はある。

適正な履行方法を確保するには、当該案件に対する施工の流れを示す施工体制台帳などを適正に把握し、各段階に適切な施工検査の約款を入れるなど、工夫の余地はある。

契約行為の分権化と行政組織による政策推進

契約行為は、発注金額が小さい場合、事実上の契約事務が発注者である行政組織内の専門部局、部課等に分権化されている場合が多い。契約事務は、部局、部課など事業案件ごとに予算編成から事業執行まで制度が整備されている。

一定の事業、金額などに限定された手続きが定められ、効率よい施工、執行方法がとられている。その執行過程をみると、首長の専権制が明記されている。契約行為は、実際には法的規定はともかく実質的ないしは事実上は変更され、分権化されてきている。

一定金額以上の案件では、事業執行前に議会承認を要する規定などを定めた条例をもつ自治体も多い。逆に少額の案件は契約方式で随意契約（いわゆる随契）方式で、機械的に処理される分野もある。法文上の形式はともかく、公契約、公共調達には多様な方法に変化してきている。

これら契約執行権限は首長の専権事項から分権化され、権限移譲しているとすれば、この延長線上に各種の政策上の含意を埋め込む「政策実施型契約」実施の余地があるといえる。公契約執行に政策目的を明確に定めて他の政策と組合せ、工夫された契約案件を増やす。そうすれば新しい政策手法を浸透させ、行政活動が市場経済の仕組みを経由して地域社会・地域経済によりよい政策効果を生める。行政による政策の有効な影響力を浸透・拡張できる。公契約条例制定に行政がより工夫や改良した行政行為の可能性を広げることができる。

　その点で、野田市公契約条例の制定過程に、条例制定まで市長以下、市職員の姿勢形成に良いモデルが示されていた。すなわち、首長が適切かつ明確な意思による行政意思を自治体職員が研修、学習で実体化し、業務を遂行する。その活動に議会等も同調し、公契約条例を推進する職員を養成して準備体制が整えられる。

　行政資源が枯渇しつつあると指摘される現代、一般的傾向とは逆に行政力を高める組織運営が可能になる。このことは、公契約条例実施に止まらず、他の関連する行政目的の円滑な実行にも有用な効果を生むに違いない。

3　公契約条例による労働条件、経営環境改善の同時推進体制
　　―「車の両輪」論―

　公契約条例の制定とその推進体制は、行政の財政歳出における政策実現に新たな可能性を広げている。条例制定・実施により、行政行為自体の改善とともに、企業、民間事業者との間に行政の政策推進を効果的実施への職員意識を高める。それによって行政が公契約市場と連携し、協働を模索できる。これが公契約条例制定の基本的効果である。

　従来、行政が一方的に財政効率優先の政策をとり、いわば片務体

制を活用して、権力行使をもとにした行政行為を一方的に進めてきた。その延長線上に、契約締結のあとは民・民契約であるから、たとえ何らかの重要な課題があっても民・民関係には行政は不介入の態度をとり、公契約市場にいわば中立ないしは分離する姿勢を示してきた。しかしそれだけでは、行政が目的意識的に公契約市場と問題意識を共有し、協働や連携を形成できる体制には至らない。

　そこでは公・民双方の関係や役割を見直すという発想の転換が欠かせない。公、すなわち行政の政策の実現過程に公契約市場参加者と協議し、認識を共有し、協働し合う。行政が公正・中立かつ民主的原則を保ちながら、地域経済・地域社会の変化に明確な課題を据えた政策とその実現方策を織り込む。公契約市場という公共性を担う領域に行政施策の実行を通じて、公・民ともに公正、民主と効率の高い行政を浸透させることになる。

　一般論として公契約条例の実施に合わせて、広がりつつある中小企業振興条例ならびに小規模企業振興基本法に基づく振興計画の実施と結節する政策体系ができれば、より多くの合成効果を望めるであろう。ただその際注意すべきことがある。

　具体的な産業振興政策、中小企業・小規模企業振興政策の推進には、業種ごとに中央省庁所管の縦割りの機能分担がある。自治体の政策には、これら分化機能を一つに束ねる必要がある。そのため、国、県の振興策を有効に採り入れる工夫が必要となる。こうした工夫を行った一例を、世田谷区公契約条例制定（2015年施行）の過程に見てみよう。

世田谷区における公・民連携の事例
　世田谷条例の「前文」は次の4つの部分から構成されている。
　①区は公契約に関して社会経済情勢を踏まえ、競争性、経済性、公平性、公正性、透明性、履行の質の確保など、必要な制度改革。

②公共調達は競争激化、採算を度外視した受注競争、厳しい事業者の経営環境、不安定雇用・低賃金労働者の出現など労働者、就業者の労働条件悪化の改善。

③低賃金圧力の常態化とともに、その反作用、悪影響と考えられる技能労働者不足が顕在化し、それが受注した企業の事業に支障をきたす事態となり、それを放置できなくなった。

そこから建設産業界等を挙げて、技能労働者の処遇改善と健全な経営環境の確保で公共事業の品質確保に取り組む必要が生まれてきた。2019年度から実施される予定の「キャリアアッププラン」に象徴されている。

④世田谷区は、事業者の経営環境改善、労働者の労働条件が守られ、公共事業の質の確保、区民福祉の増進を目指す。

これら四つの目的達成が公契約条例の制定目標である。この目標は、公契約自体の絶えざる改善、過当競争とそれが生む悪しき結果の是正、事業者の経営環境改善および適正な賃金・労働条件の確保、公共事業等の品質確保につなげる。その結果が区民福祉増進に結実する。これらのことを展望している。これら目標を"キイ（鍵）"概念と位置づけている。

「車の両輪」論

この「前文」には、言外にではあるが、過去に行われてきた公契約における入札制度改善の努力を評価する姿勢がある。

すなわち、①の「必要な制度改革を行ってきた」という表現には、区が入札、契約に関して公契約を歪めた談合、ダンピング受注、価格優先の落札政策等に対し、「入札制度改革」に取り組んできた経緯を評価している。これまでの地方自治法、同施行規則等、公契約、公共調達に関するルールが一定の機能を果たしてきたことを踏まえ、また総務省が指示して設置された「入札監視委員会」などの活動の

うえに、新たな改革を推進する基本目標を提示している。

また、②においては過当競争が多くの弊害を生んできたこと、とくに厳しい経営環境、労働諸条件の悪化を生んだ。この経緯から公契約市場を適正かつ公正な競争の維持に努め、そのうえで過当競争の結果に対する是正政策の対応が示されている。

③労働者の処遇改善と健全な経営環境の確保が同一線上で併存する取扱いをしている。労働者の処遇と事業者の経営環境との両者に共通する課題が、双方を改善するとの認識と展望が与えられている。そこに労使関係へ行政がとるべき公平、中立の姿勢がうかがえる。

④そのうえで、公共事業の品質確保、公的サービスの質を確保する。そのための政策手段が用意される。この成果に至るまで公契約条例でフォローするという構成になっている。

これら目標設定と政策効果が生まれるように、公契約条例制定の中核には労働者の処遇改善課題がある。だが、労働者の処遇改善と受注企業の健全な経営環境の確保という難題が並列され、いわゆる「車の両輪」という位置づけを与えられている。

4　公契約条例と中小企業経営問題

賃金労働条件向上を中心的な目的にした公契約条例をたとえ制定し、その実施に当たって行政力、公権力の行使に強く委ねるとしても、その目標を永続的実効性をもって維持することは簡単ではない。ということは、通常、法の制定は、法の条文が制定され、施行されれば現実を直ちに変えられるだろうか。すなわち公契約条例の制定で、法の実効性が生まれるのだろうか。市場改善に係る法制定は、その政策目的の実現という課題に立てば、法の制定とは政策目標実現の入口に立つことを意味する。制定された法が実効力を発揮するには様々な法の目標実現に係る条件に向き合い、円滑な実施条件を作り、

阻害要因を取り除く作業が必要となる。

公契約条例実効性を発揮させる鍵—中小企業経営改善との連携

　公契約条例に沿って合意した元請企業の下に、現場で組織された下請企業でも、条例規定の遵守が何によって、いかにして可能なのか。元請企業の対応もさることながら、とくに下請中小および小規模企業政策こそが、条例の実効性に"壁"となるかもしれないのである。この"壁"の存在は容易に予測できる事態である。それだけに、容易に想定できるこの"壁"への取り組みは、簡単に登れない"壁"、つまり挑戦的課題となる。

　何よりも中小企業や小規模企業の経営実態とその経営が条例を遵守できるように、経営環境の改善を進める努力を考えなければならない。中小企業・小規模企業経営において条例が定める労働報酬下限額を実現させるには、中小企業・小規模企業経営が抱える条例実施上の諸困難を取除き、乗り越えなければならない。

　それは公契約に関係する発注者・受注者の双方がともに問われる共通の課題である。また自治体にとって見れば、通常、産業振興の対象業種である農林水産業、商工業、観光及び同関連業など、各産業行政を所管する国および都道府県の行政組織との連携が求められる。ただし行政組織の縦割り行政の組織的編成が重なるなど、"二重行政"や行政組織の"谷間"ないし"隙間"を埋めるなどの調整が必要となる。

　また建設産業や福祉産業に係る産業部門は、一般に自治体組織が振興対象に掲げていない場合が多い。とくに建設業、福祉産業は中央省庁の権限が強く、自治体は産業振興策の対象としては、政策対応を遠ざけてきた分野である。それだけに自治体としての取組を事前に検討することが欠かせない課題なのである。

中小企業経営改善は条例実効の必要条件

　自治体と公契約市場に受注希望者として登録している多くの事業者との間につくられる公契約関係のなかで、発注者である行政と受注者である建設業の元請企業および下請専門工事業や中小企業とは、条例が提示した労働報酬下限額などの実行には合意したとしよう。

　問題は元請企業と下請企業とが契約する下請負契約、すなわち重層的下請構造下で、下請中小企業・小規模企業経営は行政と元請企業が交わした契約をどのように実行できるか、である。

　元請以外の企業は、発注者である自治体と公契約条例遵守に直接合意したわけではない。ここに問題の出発点がある。下請中小企業は公契約条例に規定された政策の実行を元請企業から求められ、それに応じるか否か。その点は通常、元請との下請契約書には書かれていない。契約書すらないことはごく普通の状態であるだけに、下請中小企業や小規模企業にとって公契約条例遵守を容易に飲み込めるわけではないと想像される。元請企業と下請企業集団との契約関係において、元請責任で、条例を下請契約でいかに実行するか、そこにこそ公契約条例制定効果の成否、キー（鍵）がある。

　公契約条例の実効性を担保する可能性または実現する条件は、①元請企業が条例遂行に係る全責任を負う、②元請企業が下請企業に対し、労働報酬下限額や社会保険料負担、その実施内容、労働条件の基本である休日・労働時間法規の遵守などを約した下請契約を遂行する、③条例制定の具体的内容を、関係する下請企業経営者及びそこに係る就業者、労働者に契約内容を事前に周知、通知する、④施工体制台帳に記入された下請企業に対し、公契約条例適用に伴う条例遵守事項を記載し、その実行を約する、などの多面的対応が必要となろう。

条例の浸透に必要な中小企業との連携

いくつかのポイント指摘しておこう。

①では、1次下請以下に位置する下請企業との契約とそれら下請企業労働者の賃金・労働条件の実効性に関しては、自治体が元請事業者任せ、いいかえれば民・民関係に委ねることでは実現できそうにない。行政は公契約市場との関係では公正、中立を装って一定の距離をおき、業者間でのディール（取引）の結果に委ねる。これがこれまでは通例であった。ただそれでは、条例実現の保証がどこにもなくなってしまう。あるいは契約約定の実現が曖昧となり、重層構造の"波間"に消える恐れがある。条例が制定されても、条例制定の目標が空文化させてしまう。

②公と民の契約、すなわち、発注者と受注者との契約関係において、行政と元請企業とが合意した案件であっても、元請企業から一部分の工種を受注した下請事業者から言えば、元請企業が条例の要求水準に応える契約に合意し、締結した約定でも、下請企業がその実効性を背負うことを納得したわけではない。元請企業が契約しても下請企業が条例の規定を自動的に実施する受注・発注の請負契約とはなっているわけではない。

例えば作業量（工事完工量）での包括的出来高制による下請契約を締結する場合、条例に規定された要件が下請契約内容になっているとは限らない。

元請企業と下請企業という契約関係は行政機関からは独立した民・民間での下請負契約関係になっている。公契約と下請契約とは別の派生的な下請負契約関係になる。つまり、下請契約における適正な下請単価に応えて、下請企業労働者の労働報酬下限額等の条例約定を遵守し、実施できる方策が取られていなければならない。その実施義務は、基本的に受注した元請企業が持つ工事現場への統率

力、いわゆる協力（会社）関係の力量、またはガバナンス（統率）力の中で実行されなければならない。それらは契約の"束（連鎖）となった約定"の実現、一種の連帯責任となる。自律的努力とその連鎖が求められているのである。

罰則規定をめぐる公契約条例の運用手法

　なお、罰則規定で強制される場合、その強制力を、誰がどのように働かせるのか。罰則の方法次第では、中小企業・小規模企業の経営に公権力行使で経営が左右される可能性が起きることも考えられる。契約とその実施は、上記のように企業間契約の"束（連鎖）"の構造を踏まえ、政策実現の制約となる条件を乗り越える手段とを抱合せる手法を考えなければならない。

　確かに罰則規定は、一見、容易で確実な実効性確保の手段に見えるかもしれない。行政手法としては野田市公契約条例に示されているように明快だからである。だが、罰則事案の発見方法、処理手続き、適正な罰則の程度など、その適用方法には注意深い対応が必要となる。

　基本的に、民法上の契約関係の下での罰則は、すでに、元請関係については多くの規定がある。長期的視点に立てばそこで重要な点は、元請企業に全体を委ねる道もあるだろう。だが公契約市場を構成する事業者の経営力を高める政策と抱き合わせに進める方法が必要となろう。

　基本的に公契約市場に係る中小企業・小規模企業経営の経営環境の改善を、条例制定と同時に作動する体制がとられることが望ましい。このことが理想的である。中小企業経営の改善が進まなければ、労働者の賃金・労働条件の改善が始まっても、早晩経営上の限界に突き当たる可能性が高まることになろう。

　ところで、この点に関連して2019年3月から設計労務単価に関す

る大きな変更が行われた（**図表3-2参照**）。すなわち、2019年3月以降は公共事業労務費調査に基づき、「公共事業設計労務単価」は、対前年度比の単純平均伸び率3.3％、全職種加重平均4.1％の上昇し、760円アップで、新単価が19,392円と決定された。2013年度単純平均15.1％、加重平均16.1％のそれぞれ上昇を見せて以来、2012年度比でそれぞれ48.0％、48.3％の上昇となった。

　2018年度改定の上昇の継続もさることながら、重要なことは、これまで「設計労務単価」が「積算資料」という役割だけだという見解に加えて、この単価が、次のように定義されたことである。

　すなわち、①「所定労働時間8時間の日額賃金（超過勤務手当等を含まない）」が、「本人が受け取るべき賃金」、すなわち、基本給（日額）相当額のほか、個人負担分の法定福利費（加重平均値19,392円の15～16％）、基準内手当、賞与等の日額換算、食事等の実物給与を含んでいること、②事業主は、この他に労働者に支払う人件費として、法定福利費事業主負担分と労務管理費（加重平均値の23％）、安全管理経費等現場作業経費（同じく18％）が必要経費であること、③事業主の労務単価が労働者一人当たり「設計労務単価」加重平均値の141％（19,392円＋7,951円）であること、④これら設計労務単価が「建設労働者の賃金相当額で、労働者雇用に伴う賃金以外の必要経費（労働者雇用に必要な事業主負担の法定福利費、労務管理費、安全管理費）は含まれない。これらは労働者雇用に伴う必要経費は、間接工事費である「共通仮設費」「現場管理費」の項目で積算されること、⑤したがって下請け代金には必要経費分を計上しないこと、または下請代金から値引きすることは「不当行為」だとしたことも注目される。

　このように「設計労務単価」が元請・下請関係の中でも労働者賃金および労務費に明確な費用構成内訳が定義された。それで、「設計

図表3−2 「公共工事設計労務単価」と「雇用に伴う必要経費」の関係

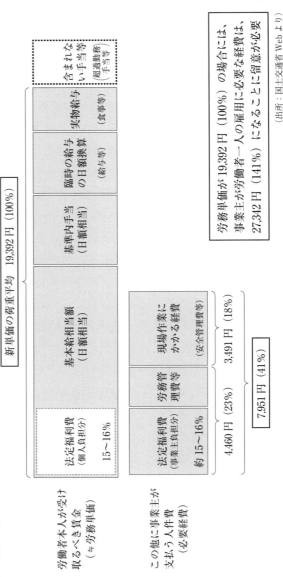

(出所：国土交通省Webより)

労務単価」における「賃金」規定が明示的概念となった。この規定による賃金支払（金額とその内訳）が実行されるべき方向性が明示された。「公共工事設計労務単価」運用の変化は発注者にとっても重要な意味がある。

「車の両輪」論に立つ労働報酬下限額の実効性確保の仕組み

公契約条例の労働報酬下限額の設定と遵守および実効性を保つ方法は、労働行政権能を持つ厚生労働省権限の行使による労働行政法規の直接行使とは異なる法規である。自治体は行政権力の一角に位置していても、自治体が原則的に企業経営、とくに労働条件分野に直接介入する権能はない。公契約条例の労働条件についてもこのことを十分に考慮しなければならない。また自治体は、労働行政を代行する機関にもなっていない。しかし、公契約条例制定によって、労働法に類似する機能を発揮できる。

ただしすでに述べているように、この類似機能には労働法と違いその効果はかなり限定的である。また、公契約条例の制定、適用においては、行政組織の分担関係や連携などの調整項が残っている。効果的調整、連携ができると、それは公契約条例の制定、運用を効果的に果たす有効な手法を手助けする。

では、公契約条例にそって労働報酬下限額を定め、その条例規定により民間事業者が公契約、公共調達の規定を承認し、合意し、成立した公・民間の契約案件について、公契約条例の規定が遵守されない場合、どのように改善が可能となるであろうか。理念通りの契約遂行はむしろ例外的といってよい。それが現実である。公契約条例を有効に進めるには、国と地方はもとより、自治体内組織である営繕、管財、財政、総務などの行政組織内の連携・調整、共同の見地から"水漏れ"を防ぐ方途を検討する必要がある。

行政と民間契約者との公契約に係る合意を基礎に、契約事項を実

行させる根拠はいうまでもなく公契約、公共調達に設けられた契約ルールが基本となる。公契約条例のルール遵守は、民間での民・民契約と同じく、民法の契約ルールが基本になる。そこには自治体と元請企業との契約関係という公・民契約に加えて、元請・下請関係という民・民間の階層的不均衡を抱える下請契約と改善の連鎖的な合意実現を含んでいる。

　公契約、公共調達に係る複数の当事者の構成からみると、公契約、公共調達を律する公契約条例は、条例一本槍で処理できるわけではない。つまり民法、地方自治法、市場秩序法（独占禁止法、中小企業基本法、小規模企業振興基本法）、産業関連法規等からなる一種の公・民間の関係に関する法規、公契約法実施のために"契約法規の束"の活用が求められる。その"法規の束"の下で、実効性を持った"目標実現の構造"を作ることになる。この体制づくりが欠かせない条件である。

　注意すべきことはこれら"契約法規の束"は、労働行政だけでは直接及ばない領域、自治体が定めた公契約条例であるがゆえの改善策を浸透させることが可能な体制実現の方法であるといわなければならない。その領域は、自治体という地域住民に近い行政組織が制定した条例だからこそ独自に遂行できる背景と基盤とがある。自治体の政策とその実行（約束）を可能にする公・民の契約関係を築くことになる。そうした新たな体制の構築を考慮すべきであろう。

"契約法規の束"と公契約条例の実効性確保の政策

　まず、公契約案件における企画・設計が固まった後だけでも、予定価格の算出、入札制度における最低制限価格、低入札価格調査制度等の多様な入札方式の活用もふくめて、入札制度設計とその具体的な運用、それらを踏まえた契約形態の改善に向けて活用する。さらには契約の履行、すなわち施工やサービスの実施過程にも、適正

かつ高品質で契約履行を広く浸透させる仕組み。これらを入札・契約過程全体に鋳込み、取扱わなければならない。

　そのうえ公契約条例では、産業政策等の施策にも絡む課題がある。公契約市場に関連する産業に事業経営の環境整備や関連する支援政策を抱合せることもできる。とくに、注意すべきことは、以下の点への配慮であろう。

条例が中小企業に浸透する条件づくり

　すなわち、①労働報酬下限額を支払えるように、公正競争を維持しながら予定価格を適切に算定する、②落札価格が条例を遵守できるかどうかの見通しを適正に判断する最低制限価格、低入札価格調査制度の運用体制を整える、③契約履行過程に対する点検や監視方法等に要する職員を養成、配置する。これら①から③を通じて長期にわたり効率的で適切な費用の算定システムを構築する、などの条件づくりが必要となる。

　2019年3月から、この点に大きな変化が生まれたことは上述した通りである。その変化は「設計労務単価」の意味を再定義し、転換したことにある。それは行政が元請企業が下請企業に直接"行政指導"に近い視点が据えられたことにあるといってよい。すなわち、2019年2月22日、国土交通省土地建設産業局建設市場整備課「新労務単価は公表以降最高に！」という通達が出、同日の記者会見で石井国土交通大臣記者会見でもその変化が確認された。

　自治体の契約行為には、実施段階を直接抱えるがゆえに、"契約法規の束"に係る事項が総括ないし集約されている。住民生活に直結する自治体という行政組織が持つ特性ゆえに、総合的行政組織の役割が生きてくる。

　自治体の行政行為は、行政が地域の国民・市民、地域住民と直接接点を持っているだけでなく、行政機関の最前線という位置で国・

地方の行政行為を総括ないし集約する公共空間に位置している。この自治体行政の立ち位置から、公契約条例に込められた理念に基づく政策の実効力を発揮できる可能性、様々な工夫とその実行に必要な行政組織の潜在力を地域経済・地域社会に役立てる可能性を広げられる。

ただここで解いておきたい課題がある。労働報酬下限額を設定した公契約案件をもって官製ワーキング・プアを解消し、さらに使用者の事業運営にも好影響をもたらす事業支援政策に対する懐疑または批判についてである。

設定された労働報酬下限額の実現とその限定された範囲

懐疑や批判の典型的な意見は、労働報酬下限額を設定して運用する際の具体的な側面について、以下のような論点が指摘されることに表われている。

すなわち、公契約条例における労働報酬下限額の設定は、公契約条例に沿って契約を締結した個々の企業に係るすべての労働者、一人一人の賃金額自体を自治体が直接決定し、その決定額を支給する仕組みと考えられている場合があることである。

すでに述べたように、これは実際の条例の運用とは全く異なった見方であり、公契約条例を誤解しているというべきである。

公契約条例が労働報酬下限額の設定とその下限額を超える賃金支払を確保することを意味している。その実効性の根拠は、議会で条例が承認され、毎年度決定される労働報酬下限額を定めた規定に発している。議会決議に条例効力の法源が存する。ただしこの効力は個々の公契約適用対象である契約案件の契約に限って履行を求められる。ということは公契約全体や公契約市場以外にまだ改善を要する領域が広く存していることを示している。

そのうえ契約案件を入札時にできるかどうかについて応札者が事

前に総合判断し、遵守できると事業者が判断し、契約に至った行為からも発している。落札後でも履行ができないと判断すれば、契約の解約もできる。それは公契約条例下での契約原則である。

ところで、二重の法源から発しているこの公契約での労働報酬下限額の遵守とは、契約した企業において企業が労働者との間に約している就業規則、労働協約等で法定化した賃金体系も公契約条例の適応対象となるのかといえば賃金体系自体の変更を求めるものでは決してない。

5　財政危機のしわ寄せが生む「公契約」「公共調達」市場の危機からの脱出

行政がかかえる巨額の"財政オーナス（オーナスとは負荷、お荷物のこと。ご褒美のボーナスの逆）"はその大きさゆえに、事実上返済不能に陥ると判断されても誤りではない。

競争強化策に代わる新しい政策実現条件の構築

日本の政府や自治体が抱える返済不能な財政危機が、いまはデフォルト（債務不履行）には至っていない。

だが、1,000兆円を超える巨額累積債務は膨大な国債費（利子負担や返済等）支払いなどで、毎年の財政運営に強い制約、政策経費歳出に強い悪影響を与えている。プライマリーバランス（借金返済と利払いを除き、歳出を税収で賄えるかどうかの目安）というベースでも毎年10兆円前後の歳出超過となっており、その影響の一端が「公契約」「公共調達」にも大きな影を落としてきている。

財政危機下で、新自由主義政策採用による財政効率優先主義とその具体策である入札競争強化が、行政目的の達成と財政運営で効果（借金を減らす）をあげるという基本課題との間には見落せないギャップがある。すなわち、政策実施効果と税制政策目標との間に縮め

られない乖離が生じている。
　地方行政に課せられた住民優先の政策実施という基本課題と実施される新自由主義的財政効率優先主義で、公契約市場へ「負の効果」を生んできた。競争強化策は談合、ダンピング、下請企業いじめ、賃金切り下げ、労働条件の低下など、総じて公契約市場において下請中小企業、それらに働く労働者等にしわ寄せして、公正取引、市場取引の適正、公正な取引を壊し、市場秩序を荒廃させてしまった。
　財政危機を乗り切る根本的政策を設定しないまま、公契約市場では入札制度等に強く偏った競争強化政策の導入を進めた。新自由主義政策の競争強化政策が行政政策のディレンマを深め、短期的にはやむを得ない妥協策と考えられた。だがそれがもたらした悪影響が国民が耐えるべきだと一時的には許容されたのかもしれない。
　新自由主義政策を受容したとみられる社会状況は一方で長期に財政支出を抑制し、他方で国民の拡大する行政需要に応えるその現実はギャップが大きくなり、"負の効果"が定着してしまった。

財政危機の深化と財政需要増大のディレンマ
　新自由主義政策推進による財政危機回避と歳出縮減優先政策が公契約市場へ競争強化策を持ち込み、その強い"波及効果"で公契約市場に係る企業経営や労働者に強い下押し圧力が加えられた。競争強化政策は、下請重層構造がもっていた既定の下層下請へ、負荷圧力を強める慣行を保ちながら、上位企業からの片務契約の強い下請負契約を押付けられる。公契約市場では、下請中小企業に一層強いしわ寄せがなされることになる。行政権力行使の偏った影響を受け、ついには行政と公契約市場との間に機能不全現象を生むに至った。
　公契約市場の不調や不落現象は、市場秩序の荒廃とその副作用を生む。公契約市場における正常な市場取引、すなわち、公と民とそ

れに連なる民と民の間に、経営および労働者の労働・生活への危機とその危機波及が弱肉強食社会を生んだ。

　行政と市場との間に生じる不調和とその副作用から生まれるダンピング受注の歪みにはとくに注目すべきである。行政が採る公契約市場の競争強化政策が、市場を荒廃させ、また荒廃させられた市場が行政機能に必要な公共施設の物理的機能劣化を抱えた施設を生む。

公・民の主体転換は解決に近づくのか―新しい公共空間づくりへの一歩

　今日、日本では主として政府は国民生活、地域経済に対する行財政機能とその運用を縮小させつつある。高齢化、少子化などに行財政需要が高まる状況に逆行する生活関連公共施設やサービス供給を縮小する。それは正に貧困化政策である。

　行政が抱えるディレンマの中、国の行政機能が縮減され、それに代わり、市場転換の「官から民へ」の流れは、公契約市場の民間企業活動を徐々に拡めた。公契約自体の民間市場化、民間セクター拡大が続いている。

　すなわち、公務・公共業務が企業活動に適合するように社会経済体制を規制緩和政策と称して市場規制法規の変更ないし規制緩和等などの制度変更が促されてきた。

　これを住民の視点から見ると、行政行為が民営化により行政責任の事務・事業領域までも民間企業に権限移譲される。つまり、事務・事業の外注化、民営化により、行政の直営領域が縮小され、拡がる諸規制緩和政策や行政機能を民間市場化し、それによって行政行為を民間事業者と交代させる戦略ないしは政策路線が続いている。

　この戦略は、公共事業、公共サービス等に関する公契約の締結、公共調達実施において、行政活動を公契約市場に転換、民間セクター依存を強めてきた。他方で、民間市場から購入する市民、住民の行政需要は、行政組織が有する規制権能だけが残り、公共機能の運営

やサービス実施は実質的に民間企業、市場経済に委ねられていく。

　この民間移譲、民営化・市場化を進められる点では、公的行政機能自体が空洞化する危険がある。逆に公的事業は、実質的に民営事業化、すなわち公益から私益ないし収益優先事業に不可避的に転換させられる。公共の事務・事業を住民から切り離し、民間事業にその運営を委ね、民間事業に移し替える作業が「行政改革」と称して着々と進められている。

財政危機を市場にたらいまわしが招く中小企業経営危機、
賃金・労働条件の劣化

　公契約が継続された部門では、公契約の運営方式、すなわち公契約対象案件に対する企画、設計・積算、入札・契約の各工程において競争化させ、公契約、公共調達に係る財政負担を、民間企業の活動領域ないし市場機構になじむ方式に切換えようと目論んできているのかもしれない。

　だが、建築基準行政が民営化されて、その欠陥が鋭く表面化した事件があった。いわゆる姉歯構造計算偽装事件がそれである。事件発覚後、民営化された建築確認申請業務は行政の厳しい管理を受けるようになった。だが、現実は申請通り建築されたか否かの点検、照合は、申請件数の半数にも満たないといわれる。そうである以上、申請要件と完工の結果が食い違って、建築基準法の不適合物件は多数にのぼる（レオパレス、ダイワハウスの建築基準不適合はその大規模さにおいて、空前の事件である）。これらの事実を見るとき、民間市場への"転換"に政策的展望を期待したとしても、成算があるのだろうか。多くは困難が生じるのではないだろうか。

公契約市場への負担は、
中小企業経営悪化と賃金・労働条件の劣化に導く

　行政活動の市場化、民営化は、財政危機下で入札に参加する事業

者間の競争領域を広げ、契約に至る作業にも競争を強めた。競争強化政策の波及効果は、企業負担（利潤低下）を増やし、労働者にも賃金・労働条件の引下げに行き着いた。

　入札形式における多様な競争化政策は、購入対象の取引の場である公契約市場に低価格形成の圧力、ダンピング受注など拡げた。既述したようにこの政策は財政執行に限って一時的に有用効果があったかもしれない。

　とはいえ、見方を変えると民間委託等によって公契約履行上に生じた施工過程での不具合や疎漏工事を増やした。ということは、公契約履行には逆効果となってはね返ってきたことになる。公契約の"成果物"を劣化させる事例も生んでしまった。だから財政効率一辺倒が有効とは限らない。行政と民間との契約関係に生じたこれらの不具合とその結果には、競争強化、低価格圧力の結果だという経緯であれば、その過程に潜む逆効果に、公契約市場の構成員はどう向き合ったらよいだろうか。受注価格引下げの圧力を受ける元請企業の原則的対応は、受注価格引き下げ圧力を下請企業に押し付け、下請企業の労働者の賃金引き下げなどで対応してきた。

　行政の競争化政策による公契約、公共調達市場に与える低価格圧力は、元請企業から下請企業への発注価格を引下げる。元請企業と下請企業を組織できる元請企業は、下請企業を抱え、低価格で工事をこなす下請企業を確保できる企業だけが適応できるかもしれない。すなわち、元請企業は低価格で受注しても、下請企業への発注価格（単価）を引下げて活路を見出そうとする。そこで、ある程度収益を得る余地を持つからである。

公契約市場の正常化に向けた行政の新たな責務

　公契約市場において公・民に強く存在する元請企業に発する価格・費用の連鎖的低下圧力は、下請重層構造における強い片務性により、

取引価格を引下げる構造が作られる。競争化政策の影響を受け、下請市場の本質的内容は、実質的に労務請負契約（内容的には違法な「丸投げ」）となっている。だからその構造は請負価格（請負単価）の費用低減を実現できるメカニズムとなる。つまり、重層的工事価格切下げの連鎖メカニズムがつくられる。

　すなわち公契約、公共調達では発注者を頂点として、設計・積算ミスの調整等に要する費用負担までも下層中小企業の肩に転嫁され、それがまた工事費用引下げ可能な仕組みと重ね合わされている。この仕組み、すなわち低価格の下請取引相場が形成、再形成される。この連鎖的価格・費用双方の引下げメカニズムが、その運用、追加・ダメ工事等々の処理に関する取引上のインシンメトリー（＝非対称性、それは不公正取引を意味する）を定着させる。

　つまり下請重層構造では下層に位置する下請中小企業、主として中小および小規模企業層によって重層化され、階層間の片務性を活用した費用低減が転嫁されるメカニズムとなる。こうした重層・連鎖の下請取引構造が、公契約市場がもつ総体的片務性を持つ関係を利用して費用低減、リスク負担への傾斜構造を強め、元請企業の受注価格低下の費用低減を担ってきた。

　官・民間の公契約市場、そこにある片務型、重層型下請構造をもった市場では低コスト要求の負荷を元請・下請関係の企業間片務性を、上位企業が下位企業に積極的に活用して対応する。

　行政権力行使に係っている公・民市場が、公契約案件の生産過程の川上に位置する元請企業は、発注者が有する権力行使の構造と民・民関係の中に構築されている下請重層・連鎖制とが重ね合わされ、接合されて公契約市場が活動する。生産工程を担う企業者の間にあるこのインシンメトリーこそが建設産業、サービス産業に一定の柔軟性を与える。

建設業における元請企業と下請重層構造の下では、このインシンメトリーを活用して、上位企業が一定の収益をひねり出せる構造となっている。またその構造がリスクを下層企業にしわ寄せする。下請企業にリスクを吸収させる構造、すなわち低価格での下請発注単価を押し付けて収益確保につなげる仕組みが定着し、この構造に依拠して収益を確保できる。下請企業を活用した低い受注価格でも、元請など上位企業は収益を獲得できる。

しかしその体制こそが最終的に就労者・労働者に貧困化をもたらし、官製ワーキング・プアを広げた。つまりこの構造全体は、いわゆる官製ワーキング・プア創出に行政が発生源となったといわれる所以である。公契約、公共調達が係わる公契約市場には、こうした片務的で、不公正・非中立の権能とその行使が基本に据えられ、市場機能に歪みが固定されてしまう。それでは行政が体現すべき公正、中立の姿勢が失われ、国民、地域住民との本来の関係を変質させかねない。

6　市場の歪みが引き起こす危機

行財政"改革"時期における公契約は、公共事業の実施に当たり一定の財政歳出当たりの事業執行量の増大を意図している。既述したように、この点では、競争強化策には一時的に財政における費用対効果の物差しだけで見る手法で評価すれば、便益性を高める政策効果があり、歳出効率が上がったとみえるかもしれない。

しかし反面で、公共事業、公共サービスに低価格受注が広がり、低価格競争圧力が強まり、広がる。低価格競争圧力は、受注者間の低費用化を図る下方圧力を介して、公契約事案の生産過程やサービスに、疎漏工事や手抜き工事、サービス品質の劣化、低質化に追いやる。これは公契約市場におけるねじれ現象に発展してしまう。

公契約の質の確保と公契約市場の公共性強化の同時進行

　最終的には粗漏工事、欠陥サービスの多発に加えて、「官製ワーキング・プア」と呼ばれる"公共部門発"の雇用の劣化、公契約市場の競争化策の悪しき波及効果が広範囲に及ぶ。そればかりか現場の指導にも携わり、かつ技能を伝承する役割を担う指導工の位置にあった熟練労働者を、"一人親方"という名に衣替えさせた。"一人親方"は雇用の制度的分解と劣化を生んだ証である。

　とくに高度熟練の役割をもつ人の、仕事の完成度合に貢献する作業時間を奪う。その結果、伝統的に保持されてきた技能伝承を若年労働者に引継ぐ機会が失われた。また、次世代を担う若い技能者候補者を未熟練のまま使用することとなる。また指導工も未熟練者もともに不安定雇用化し、高い熟練の賃金労働者層を養成する伝統的仕組みまでも機能不全にしてしまった。

　基幹技能労働者の位置も、不安定化と流動化とを早める。繰り返しになるが、長期的な世代間の技能伝承を含んで機能していた労働・作業組織が解体された。将来に欠かせない技能を担う技能者候補者である若年労働者の熟練・技能形成過程も潰されてしまった。

　この技能養成過程と一体となった労働・作業集団は、実は歴史上においては産業革命期にも同様な現象が広範囲に広がっていた。問屋制下請制度下の個人事業者、さらに工場制下請制度下の個人事業者を編成し、その集団（ギャングと呼ばれた）を組織して未熟練労働者の収奪機能と結合した労働組織であった。しかし機械化の進展が、これら労働組織の取引上の交渉力を削いだ。一方社会政策の進展が搾取を行う労働組織を弱めた。"一人親方"はそうした事象の再来と見られないこともない。

　ただ、歴史上の個人事業者の収奪手法は、基本的に組織的な労働管理費用の節約・削減とそれによる生産・費用の削減に狙いがあっ

た。19世紀当時の企業間競争激化が生んだ現象である。

この歴史的経験に比し、今日の個人事業者の幅広い活用を見ると、例えばウーバーやアマゾンの事例に即していえば、集積した情報独占を基礎にした情報・通信システムをネットし、これらを活用したビジネス・モデルを構築する。そのうえでデータ・情報の収集・活用システムを個人の了解もなしに独占・保有して活用する。こうしたシステムを介した個人事業者を活用する。

大企業が個人事業者に経済的取引圧力を強める。ただし強制とは感じさせずに、全く対等の立場で合意を前提したかのように、個人個人の事業者（その多くは実質的に労働者）を"選択的"合意、"自律的"参加の形をとった契約方式で組織することを特徴としている。

どちらも、自営業的勤労者・労働者の場合、市場機構では職業、産業で労働組合に組織する土台が弱い。「孤立した個人」を起点に、仕事獲得のための過度な競争を生み、その侵食が既存のビジネス・モデルを突き崩す。

それが既存の事業契約・労働条件を切り下げる。そこでは見えざる競争強化が生じる。「孤立した個人」は、他の、多くの競合する同じ「孤立した個人」の姿が見えない状態（その一つがいわゆる未組織状態）にある。このことによって、事業契約・労働条件（形式的には自営業的個人請負契約）の悪化にも"合意"のサインを出さざるを得ない状況をつくる。この弱点が徹底的に悪用される。この点に歴史を貫く共通性がある。

公契約市場正常化が公正な市場メカニズムに通じる

建設業ではこの点、新自由主義的プラットフォーマーと旧型収奪構造との中間形態と見ることもできる。

そのうえ、事業者側では、事業継続にあたっては公契約を回避し、民間市場に傾注するか、転業を図るかなどの選択を迫られる。事業

者の減少は地方から広がり、今日では公共事業を受注できる企業がなくなる地域も広がっている。人口減、財政萎縮、事業者の廃業、そして自治体および地域の消滅の危機が広がっている。

　また、公契約市場の入札における不調・不落が増え、とくに地方で転業・廃業が進む。だから、積雪地域の除雪作業の遅延、機器・オペレータ不足など、建設産業市場に様々な領域で建設需要未充足という"限界市場"化（地域で建設業が維持できない）現象が広がる。

　こうした状況から建設業自体の救済、競争強化政策から正常な事業運営が可能な軌道への脱出策が至上命題となった。公契約、公共調達のあり方自体を発注・受注という双方向関係の改革自体を内部、すなわち内生的改革が必要とされた。このことが国の政策形成にも認識されるようになった。ここに公契約条例と並行して「担い手3法」など、国の建設業再生策とが同時に進んでいる関係が理解できる。

　その流れは、国が先行し、自治体はそれに遅れている。2000年代に入り、国の施策は、過当競争の弊害が表面化した。過当競争改善のために2000年に、①ダンピング防止（「入札金額内訳書」の提出）、②適正な施工（「施工体制台帳」の作成）を盛り込んだ「入札・契約適正化法」、2005年に、①「発注者の責務」の規定、②「総合評価方式」などを導入した「公共工事品質確保法」を制定された。さらに2011年3月11日の東日本大震災などを経て、2014年に上記2法と建設業法の改正を加え、いわゆる「担い手3法」が決定された。この3法の改正は、国の方策だけではなく、自治体にも効力を有している。とくに自治体における法改正への認識が希薄であるのは、公契約改善への動きと関係している（**図表3－3**参照）。

　この点に関して、全国建設業協会が2018年7月から9月期間に公

第3章 公契約条例がもつ多様な意味 87

図表3-3 「発注関係事務の運用に関する指針(運用指針)」の概要(1/2)

I. 本指針の位置付けについて
○公共工事の品質確保の促進に関する法律(平成17年法律第18号)に規定する、現在及び将来の公共工事の品質確保並びにその担い手の中長期的な育成・確保等の基本理念にのっとり、「発注者の責務」等を踏まえ、各発注者が発注関係事務を適切かつ効率的に運用するための発注者共通の指針。
○発注関係事務の各段階で取り組むべき事項や多様な入札契約方式の選択・活用について体系的にまとめたもの(※)。
○また、国は、本指針に基づき各発注者における発注関係事務の適切な実施状況について定期的に調査を行い、その結果をとりまとめ、公表する。

(※)例えば、ダンピング受注の防止、入札不調・不落への対応、社会資本の維持管理、中長期的な担い手の育成及び確保等の重要課題に対する各発注者の適切な事務運用を図ることを目的

II. 発注関係事務の適切な実施について

2. 発注体制の強化等
各発注者は、発注関係事務(新設だけでなく維持管理に係る発注関係事務を含む)の各段階で、以下の事項に取り組む。

(1) 調査及び設計段階
- 事業全体の工程計画の検討等
- 調査及び設計業務の性格等に応じた入札契約方式の選択
- 技術者能力の資格等による評価・活用等

(2) 工事発注準備段階
- 工事の性格等に応じた入札契約方式の選択
- 予算、工程計画等を考慮した工事発注計画の作成
- 現場条件等を踏まえた適切な設計図書の作成
- 適正利潤の確保を可能とするための予定価格の適正な設定
- 発注や施工時期等の平準化

(3) 入札契約段階
- 適切な競争参加資格の設定、ダンピング受注の防止
- 工事の性格等に応じた技術提案の評価項目内容の設定
- 競争参加者の施工能力の適切な評価項目の設定等
- 入札不調・不落時の見積りの活用等
- 公正性・透明性の確保、不正行為の排除

(4) 工事施工段階
- 施工条件の変化に応じた適切な設計変更
- 工事中の施工状況の確認等
- 施工現場における労働環境の改善
- 受注者との情報共有や協議の活性化等

(5) 完成後
- 適切な技術検査・工事成績評定等
- 完成後一定期間を経過した後における施工状況の確認・評価

(6) その他

2. 発注体制の強化等
発注関係事務を適切に実施するための環境整備として、以下の事項に取り組む。

(1) 発注者自らの体制の整備
- 発注体制の整備
- 外部からの支援体制の活用

(2) 発注者間の連携強化
- 工事成績データの共有化・相互活用等
- 発注者間の連携体制の構築

(出所:国土交通省Webより)

共工事品質確保法などを含め、発注者が適切に対応しているかどうかについて都道府県建設業協会及び会員企業にアンケートを行った。その結果が2018年10月に「改正品確法に基づく『発注者関係事務の運用に関する指針（運用指針）』の運用状況等に関するアンケート結果について」として公表された。

「担い手3法」の対応については、発注機関の予定価格、工期設定などについての成果などを調査した。国、都道府県と市町村など行政機関ごとに実施状況の結果を調査し報告している。

歩み始めた公契約市場改善方向と課題

工事の改善課題の中で重要事項について取り上げてみよう。

「歩切りの廃止」の実施について、都道府県協会での回答では、発注者が都道府県では95％、市区では66％、町村では54％であった。都道府県と市区町村との間に大きな改善の遅れが見られる。

同じ「歩切りの廃止」に対する会員企業からの回答では、「歩切の廃止」は、発注者が都道府県では64％、市区では44％、町村では37％である。会員企業の回答は、協会回答よりも改善の遅れがはるかに深刻であることを示している。「発注時期や施工時期の平準化」に対する都道府県協会の回答では、「歩切りの廃止」と同様、小規模自治体ほど改善が遅れている状況を示している。

「工事の性格などに応じた入札契約方式の選択・活用」に対する協会の回答では、発注者が都道府県では66％、市区では32％、町村では15％であった。

これに対して同じ事項で、会員企業からの回答では、都道府県発注では48％、市区では28％、町村では21％であった。入札契約方式の改善はいまだ進んでいない自治体の方が多いことを示唆している。

公共工事では、自治体における不適切工事割合が多く、歩切りの見直し、発注工期の平準化、さらに適切な入札契約方式などの改善

努力がいまだ多くの課題を抱えている実態を映している。

　この点について国政レベルでは対応の遅れ、改善の大きな余地があることが示されている。自民党の「品確法議員連盟」のPT（プロジェクト・チーム）は、発注者の責務に、①適正な工期設定、②施工時期の平準化、③債務負担行為や繰越明許日の活用、④複数年度工期契約などを、受注者の責務には、①労務費と社会保険料を適正に見込んだ下請負代金契約の締結、②下請とも適正工期の締結などを盛り込んだ「新担い手3法」改正法案を決定した（2019年2月）。

　なお、重要なことは、この改正法案には、調査・設計にも適正な利潤確保が可能な適正予定価格の設定、適正な工期設定、ダンピング受注防止、施工時期の平準化など、上記で論議している課題への接近からの法制化が動き出していることを付言しておく（第198回国会の衆議院国土交通委員会において、5月24日決議された）。

第4章　　公契約条例の構成
―「公契約」「公共調達」を介した行政目的の実現手法―

1　全国初の野田市公契約条例

　国の建設産業政策の転換の中で、地方自治体でも独自の接近方法で、公契約、公共調達改革の取組みが本格化していった。この新しい流れの一つが公契約条例の制定である。市町村における公契約条例の第1号が、野田市公契約条例である。いまや公契約条例としては「古典」の域に達した感がある野田市の公契約条例を手掛かりに、条例の骨格をコメンタール風に検討しておこう。

野田市公契約条例制定とその意義

　2009年9月、千葉県野田市において公契約条例が制定された。この条例は、既述したように制定されるまでの経緯が、条例の意義と国法としての公契約法制定までを視野に入れ、公契約法（国法）が制定されていない状況の中、そこに至るまで市町村の条例がフォローしなければならない運用規定などを念頭に、周到に準備され、策定、制定されている。

　野田市条例はその立法過程に広い視野が設けられている。それに加えて条例の体系が、初発だけに画期的である。この条例は、全国初の制定だけに、条例制定までに慎重に準備されて制定されている。そのうえに実効性を担保する配慮がなされ、運用に当たっても明確な方向性と実行力ある運営の組織体制整備をも適切に示されている。以下その概要を見ておこう。

　野田市公契約条例は、前文で以下のように制定の背景と狙いを明示している。

①公契約が、低入札価格の問題によって下請の事業者や労働者にしわ寄せされ、賃金水準低下を招く恐れがある。すなわち公契約が、事業者経営を圧迫し、下請事業者の経営が細る。それに伴って、官製ワーキング・プアが生み出されている。発注者である自治体の公契約発の〈しわ寄せ構造（の全体）の是正〉というミッション（使命）を明確に示している。

②公正かつ適正な入札を実施できるように、国に法整備を求めている。入札制度は公契約の機能や性格付けに強い影響力を持つが、「公共工事品質確保法」、「公共工事入札契約適正化法」、「建設業法」の改正による「担い手確保」3法等の改正前の時期において、入札を公正かつ適切に実施するには、国法レベルでの法整備が欠かせないことを指摘している。いいかえれば、国への注文を述べているのである。

③野田市の取組みで「締結する契約が豊かで安心して暮らせる地域社会の実現」に寄与することを目指している。つまり公契約条例の制定は、いわゆる賃金・労働条件の改善、下請中小企業の経営改善で目標を達成するのではない。条例のゴールは、地域社会の豊かさ、安心して暮らせる社会経済、つまり全体を底上げすることを目指している。それは、地方自治体の政策が特定の産業、事業者、就業者などの浮上にとどまるのではなく、浮揚策を通して地域経済社会の向上政策の一環であることを示している。

このように野田市条例の前文では、20世紀末から21世紀にかけ、行政の公契約執行には基本的に「公正かつ適正な入札」の視点から見た公契約の運営に問題があると指摘している。しかしその問題は、自治体と事業者との間における不整合、不具合に止まらない。これら事業に働く労働者へも不適切な条件をもたらし、それが行政行為から発した好ましくない循環を是正すること、とくに下請取引改善

等に効果を持つ条例制定で公契約の在り方全体を転換させることを基本にしている。

　それまでは、談合、ダンピング等、発注者である自治体と受注者である事業者との間に限定されていた「入札監視制度」に焦点をおいた改善策だけに充てられていた。この改善策は、それなりの改善努力がなされ、政策自体が誤りだというわけではないかもしれない。しかしそれだけでは、公契約市場にはなお多くの不公正、不適切な取引が残ったままになってしまう。

野田市条例のポイント1―目標となる対象案件と実効性の要件

　野田市公契約条例は、公契約執行の在り方に関して、公契約全体から公正かつ適正な要件での執行体制をとることが必要となっていることを認識している。そのために公正かつ適正な公契約の執行要件を具体的に定める。そのうえで公正かつ適正な公契約執行に必要な要件を整え、実効性ある条例制定を目指したのである。このように広角的視野とそれへ対応できる体系性を持った条例制定となっている。

　野田市公契約条例の基本的要点を以下に示しておこう。

　①公契約の対象：〈公契約のすべてではなく、一定規模以上の公契約案件に限定する〉

　公共工事並びに業務委託に関して予定価格が1億円（現在は4,000万円）以上の工事または製造請負、業務委託では5,000万円（同じく1,000万円）以上の案件を対象とする。

　②賃金下限額：〈改善のターゲットを建設業および業務委託の賃金に下限額を設ける〉

　上記の公契約の対象となる事業案件に関して、ⅰ）建設業では、就労する労働者の賃金については、「公共事業設計労務単価」の80％、ⅱ）業務委託に従事する労働者の賃金では、野田市一般職員（「事務

職」）初任給をモデルにして、職種ごとで段階的に設定された時給額を定める。とくに後者の業務委託では地域最賃の842円より50円程度高く設定している。

　③公契約要件の実効性を図る要件と罰則：〈実効性ある条例とするために罰則、連帯責任制等を設ける〉

　公契約条例は、公契約に係る事業者と契約するにあたっては、以下のような5項目ほどの事項に関する合意を求め、その実行を約することが契約の締結の要件になっている。

　すなわち、

　ⅰ）公契約遂行に関連して条例に定められた労働者の労働報酬下限額以上を支払う。

　ⅱ）契約違反が生じた際には、定められた罰則規定があるので規定された罰則に従うこと。

　ⅲ）賃金不払い等が発生した場合には連帯責任制を取り入れること、またこれを承認すること。

　ⅳ）労働者から申し出があった場合、市長は受注者への事実調査、立入り検査、是正命令を出すようになっているので、このことを承認すること。

　ⅴ）市が損害を受けた場合、受注者は賠償しなければならない、等である。

　契約違反等の罰則は既定の公契約ルールがある。だが賃金下限額等の違反事案には、支払いを強制できない。そのために、既定のルールに準じて賃金不払いについては連帯責任制の承認（元請企業が中心となる）、労働者からの通知・訴え等があれば首長が調査権や是正命令を出せる等の条件を約している。

　ここでの事実調査や立ち入り検査等とそれによる是正命令等の法源は、地方自治法の権限だけによるようにも見える。だが基本は契

約条項における合意、つまり民法を基礎としている。その点で、行政権限の一方的行使による実効力とは異なる。発注者としての公権力の行使可能な権限とは別に、公契約という民法契約に基づく公と民とで合意された罰則規定約定の承認によっている。このように慎重な配慮が払われている。

野田市条例のポイント２―体系性と実効性を有する

野田市の条例における重要な点は、①賃金の下限額を制定したこと、②実効性を重要視したこと、この二点に集約されよう。とくに②の実効性確保の要件に注目したい。

野田市公契約条例では、実効性の確保に向けた方策は、元請企業をはじめ、元請企業以外の当事者、つまり自治体との直接的契約をしていない下請企業も含めて、受注企業集団全体を実効性確保の対象に組み入れている。このことは理論的にも実践的にも、発注者・受注者の双方にとって踏み込んだ公契約規定になっている。

そこには公契約に関して、発注者である自治体の政策推進に強い意思が表示されている。この点で、従来から行使されてきた自治体が有する権能の一定の権力行使を継続したうえで、公契約の改善を図る姿勢を付加しているといってよい。

ただし、従来までの先行例に加えた新たな条項がある。条例の中に、元請契約者およびそれに関係する下請事業者などが連帯責任を取ることになっている。つまり下請事業者にも契約履行責任と不具合是正を背負う賠償規定を設け、元請とともに下請事業者にもリスクの分担を求めている。契約方式をとって契約履行に強い実効力を生むように設計されている。

ただし、建設委託、業務委託のいずれにおいても、賃金下限額の設定とその実行は容易なことではない。野田市公契約条例は、この点を十分に意識している。だからさまざまな工夫が凝らされている。

とくに労働者からの申し出があった場合、市長権限で事実調査、立入検査ができ、是正命令も出せる。公契約条例の実効性をいかに保つか、そこには慎重な配慮が込められている。行政権限ないし公権力行使で実効を迫ることは可能かもしれない。だが、現実にその執行には罰則規定だけで遵守させようとするには限界もある。

したがって、権力行使以外の実効性の担保要件を、契約約定に示し、合意を基に執行するように組み立てられている。そうした手法をとる基礎は次の点にある。

ⅰ）事業者や労働者に対する条例内容や執行方法を周知すること。ⅱ）条例適用案件における行政組織の行動方法を明示すること。ⅲ）現実の施工および業務の内容に関する執行の事実情報が発注者、元請企業等に円滑に流れる体制を作り、周知することとし、これら事業の執行情報の収集と対応システムを事前に伝達し、対応策を明示しておくこと。これらが条例実効力の"肥し"、素地になっている。

このほかにも、具体的な実行力を発揮するにあたって、元請企業を中核にした連帯責任制などを設け、罰則範囲を規定して、元請企業だけでなく、関連する下請事業者にも公契約適用案件に参加する事業者集団に罰則規定を設けている、すなわち事業者集団で実効性を確保させるように工夫されている。

野田市公契約条例は規定されている条文に示されるように、完成度の高い条例である。それは、①条例趣旨が明確であること、②条例の実効性を確保する政策手段に妥当性があること、③制定後に行われた新規の業務遂行規定とそれらを担う職員配置等、制定から実行まで集中的に行政力とその組織体制を定めている。

とくに重要なことは、条例制定後における発注者側に発生する新規の条例運営業務とそれに伴う業務量の把握、および運営業務を担う職員の養成・配置などが考慮されていることにある。この点は、条

例制定が有効に運営されるために、発注者側が避けて通れない組織的対応である。

　こうした行政組織自体に係る体制整備なしには、条例制定後に、迅速に実施効果を上げることはできない。野田市においてはこのような行政側の組織的対応も条例制定と同時に実施されていた。

　ただし、そうはいってもいくつかの問題点も指摘できる。

　2009年に制定されて10年を経た条例である。つまり一定の経験を重ね、野田市は条例に多くの経験を経て、すでにいくつかの検討のうえ、変更もなされている。その過程も含めて提起されているいくつかの論点を上げてみよう。

条例制定全般に係る論点

　①公契約条例の対象案件に関する事業規模をどこまでに下げるか、がある。条例制定の目的に正当性がある一方、公契約全体への改善効果をいかに大きくするか。すなわち、公契約全体に効果を波及させる方策が問われる。

　②条例の実効性確保に必要な行政の組織的対応は適切にできるのだろうか。ことに新しい業務分野である条例実施に当たる職員を適切に配置できるかどうか。つまり、条例運営には、行政の各分野、とくに教育、福祉、介護等々との連携とともに、企画・財政、営繕部門等との連携や調整を要する。これらを担う職員の養成・確保をいかに行うか。行政内部での調整を要する変化も生まれる。

　③賃金・労働条件の改善、下請中小企業の経営改善等々は、いずれ予定価格引上げ等が生じるだろう。これらを生産性向上、事業モデルの革新・改革等で補えない状況も予想される。これらが付加されて、財政需要増の影響をいかに賄うか。その負担をどのように受けて立つか、それも当然問われる。

　④尼崎市における条例制定議論で提起された法制度的、専門的視

点から提起された課題がある。公契約条例による政策効果の実現に伴う法的正当性の論議が基本にある。これらの諸課題は、いまだ多くの自治体における条例制定にくすぶっている（11ページ以下の晴山意見書を参照）。
　公契約条例制定に関する法的に正当性の疑義を口実にして、公契約条例制定自体を阻止し、執拗に政治利用（悪用）するの例が少なくない。ということは、行政組織内部にも条例運営に対する様々な対応がある。これらを十分に討議し、条例の趣旨に沿う進化が必要となろう。
　⑤公契約条例が制定された自治体において、賃金規定や下請取引改善条項に関して、関連する事業者のなかに、公契約市場を構成する受注者側にも、取引慣行になじまない下請取引企業等もあるだろう。これら事業者に対して、公契約条例運営上、不具合を起こしてはいないか。
　行政権行使に伴う不適切な経費（費用）増が生じ、公契約市場に参加する事業経営に対してその事業の維持・改善目標を掲げてはいるものの、その趣旨に合致しないとか、逆行するような事象が起きていないかどうか。また、公契約条例制定の実効性を認めるがゆえに、行政需要や財政需要の変化によって引き起される結果に対して、受注企業経営に新たな"負の効果"、悪しき副作用に配慮する必要はないのか、という指摘もある。
　さらに公契約改善へ消極姿勢をとる口実になる事例が起きないことも全く想定されないわけでもない。根本野田前市長も指摘したように一地方自治体だけの改善努力には限界がある。とくに、地域の公契約市場であるとはいえ、建設業、業務委託事業分野でも、事業者間競争、地域間での競合は、元請企業だけではなく、下請企業をも巻き込んだ価格および費用の低下競争は強まるだろう。

これらの指摘には基本的に、設計労務単価の継続的上昇がみられ、また国土交通省、農林水産省、総務省など公共事業関連省庁間での業務改善への努力が見られる。公契約条例の拡張とともに、全国法規制によって、全国的な改善で、公契約市場全体を底上げする政策が必要となっている。

　というのは、事業者競争、地域間競争だけでは格差拡大、敗者増大で産業全体での担い手確保には負の効果となる場合も予想される。したがって、底上げ政策を通じて産業、地域全体の適正な事業環境、とくに公契約市場の環境整備が欠かせない時期にあることを意味している。

　それが他ならぬ「担い手3法」の法改正で、こうした全国的課題とその改善方向とを示している。とくに中小企業経営では、一方に、中小企業基本法、小規模企業振興基本法で底上げを図る策もある。だが、建設業法をはじめ、各種の事業法規制の強化、社会保険制度への強制加入、消費増税に伴うインボイス制度導入など、小規模事業者の経営活動への存立条件のハードルを引き上げてしまう動きも見逃せない。

公契約条例制定自体には違法性はない、それゆえに廃棄はできない？

　これらの主たる論点、論議は、条例制定に至るまでに行われた尼崎市条例の事例に止まらず、他の自治体にも広がっている。それだけでなく制定自体を抑止する効果を持ち、制定に至る世論を封殺しようと試みる事例もある。また制定された自治体に条例に関する法的問題を口実に条例制定の実効性を薄めようという動きもある。

　それは一種「不作為」という行政姿勢を正当化する理由づけに利用されることもあろう。裏を返せば、条例が制定さえすれば、自動的に条例制定目的が実現されるような根拠なき楽観的論議は通用しない。そこには一種の条例制定で公契約が改善された徴であるとい

う奇妙な幻想がある。公契約条例やその制定を空洞化させる姿勢は、法律や条例制定において条文さえ制定されれば現実を改善できるという安易な"願掛け"の姿勢も少なからず存する。

　これらの事象を踏まえ、公契約条例制定に向けた論議は、行政体が法的正当性に関する論議を正確に認識し、論議を進行させる基本姿勢が必要である。そのうえで制定された自治体でも、行政側が地域経済社会に向けて、条例制定の明確な目標設定、法的正当性に確信をもち、その実効性を支える姿勢を保持し、行政のイニシアティブを確立して実行する姿勢が望まれる。

　こうした活動の経験を積上げ、その中から、行財政運営に係る行政資源の潜在力を高め、新しい行政需要に対応できる行政運営法を革新する。それとともに、公契約市場に参加する企業、労働者とともに新たな公共空間を効果的に運営する。それによって時代が求める行政需要の実現を目指す。その中で公契約市場に起きている将来方向を効果的に見出だす。今日の行政需要の発見に真摯に対応し、制定された公契約条例をケアし、育てる対応が求められる。

　地方自治体はできるだけ周到に公契約条例を準備し、制定する。そのうえで条例に実効性をもたらす努力がなければ、制定された条例がどんなに体系的で、適正であってもそこに止まれば、条例の空文化は止められなくなってしまうだろう。条例制定後にも実効性を生まない条例となる危機を孕んでいるのである。

　これらのいわば法制定過程に潜む脆弱性を踏まえ、公契約条例が行政課題のすべてを改善するわけではないが、公契約市場関係者が行政とともに条例を育てる組織的体制を常に支えなければならない。

　この点で公契約条例制定は、制定自体がゴールではない。条例制定はあくまでも改善への出発点が据えられただけだということである。制定された公契約条例を育て上げる行政、業界、労働組合組織

そして市民団体等の共同、協力が条例を実効性のあるルールとするのである。

2　行政指導による運用改善

公契約条例が公契約、公共調達改善の唯一の道というわけではない。法、条例によるほか、行政体が遂行する業務執行ルールである要綱等、行政執行権能による規制手段を設定し、条例と同じような効果を発揮する事例もある。

条例および自治体が独自に設定した要綱等をあわせると、全国で公契約の執行、実施の改善を試みる自治体数は優に70自治体を超える。2010年代以降、公共事業執行の改善策に関する各種の法改正、それらによるガイドライン等が出され、公契約法や公契約改善令のような法令は存在しないが、それに類似する省令、指令が数多く出されている。

そうした中、公契約条例を制定する自治体は増えている。この広がりは公契約条例で改善する努力が強まっていることを示している。とはいえ、公契約条例が議会等で十分な理解がえられないときに、現状の行政権限の活用によって行政活動における改善に踏み込む方式もありうる。

函館市から始まった公共事業実施に対する要綱による改善政策の実施の例を紹介しよう。

「函館方式」による行政指導が示したメッセージ

函館市では、同市土木部長命で指導要綱、ガイドラインによって、公契約執行の改善方策がとられてきた。函館市では、発注者である同市担当部局である土木部が起点となるものであった。土木部の所管領域に限られた独自の動きである。当然それら指導行政を首長や議会が認めており、庁内手続きを経た指導要綱である。つまり条例

なしでも行政指導によって、条例制定と同様の実効を生む例である。

　以下は、2004年時の調査報告集、建設政策研究所・東京土建合同調査報告書『公共事業の適正な執行を求める行政指導——函館市・小樽市における実践』(2004年12月) からの記述なので、若干時間が経ちすぎたきらいはある。だが、公契約実施過程の改善方策を具体化し、その方向性を示している点で、今日でも参考になる。主要なポイントだけを記しておく。

　筆者にとっては公契約条例に関する大きな刺激を受けた点、とくに公契約条例への明確なイメージとそれを実施するに必要なワン・ストップ型行政文書の整備は、条例実施においても実効性に強い影響を及ぼす事務的、組織的体制を示してくれた。今日においても先進性を有する内容があるので、この事例を記しておこう。

　函館市の公共事業指導要綱は、函館市土木部長「適正な工事の施工を——工事、委託の施工上位の留意事項」に記されている。要綱は、前半で以下のように記している。

　すなわち、「公共工事の施工に当たっては、地元事業者、地元資材を積極的に活用し、雇用の安定と就労の促進を図るとともに、下請負契約および工事代金等の支払の適正化などにより、事業の有効かつ適正な執行を図ることにしておりますので、この趣旨を理解され、次の事項について十分配慮し、優良な工事および受託の完成を期して下さい」と述べる。

　なお、この指導の法的背景は、2001年から「公共工事入札・契約適正化法」が施行され、それに伴って、公共工事における一括下請負（いわゆる"丸投げ"）の完全禁止、特定建設業者における発注者への施工体制台帳提出の義務付けが定められ、適正な工事執行に向けた改善努力が定められたことに発している。国の改善政策に沿うものであるが、これを市が積極的に受け止め、推進していることを

示している。

　具体的中身としては、以下のような地域視点、下請改善視点、事業運営における透明性の確保、建設業就業者の賃金・労働条件の改善等、総合的かつ多角的事業運営対応策を打ち出していた。それは、まさにこう契約条例のひな型といえる構成をとっていた。すなわち、

　①地元事業者、地元資材の優先的使用。とくに工事施工では地元業者の活用、地元資材の優先使用。いわゆる地域要件の規定を示す。

　②「函館市発注工事に係る元請・下請適正化指導要綱」に基づき、以下のことを実施する。すなわち、工事内容の明確化のため、下請契約を結び、下請事業者や現場で働く労働者に不利にならないよう、下請代金支払は速やかに現金で支払うこと。

　とくに労務費については相当額（「設計労務単価」参照）を現金で支払い、労務賃金を確実に労働者に支払うようにすること。また元請責任において、下請事業者を明確に把握し、1次および2次以下の全てについて「下請負人選定通知書」の提出を義務化する。

　③公共工事費の積算に当たって、労働者の雇用は地域活性化の観点から、公共職業安定所と密接に連絡を取り、地元労働者および季節労働者を積極的に雇用すること。

　④「雇用通知書」（賃金、労働時間・休日、退職・社会保険加入等の労働条件等を記した書面）を作成し、労働者に交付すること。とくに完全発行を徹底する。

　⑤労働基準法による週40時間、年次有給休暇、各種社会保険の加入と掛金の納付、建設業退職金共済制度加入と工事完成後に「建退共証紙貼付実績書」の提出、等を求めている。

　以上のように、函館市の指導要綱は、①単に公契約場面における入札・契約手続きの適正化に止まらない。②契約締結後に施工過程における下請事業者、労働者に適正な条件が保たれるように制度改

善を図る。③これらに必要な各種の実施帳票類の整備と普及、とくに「公共工事における労働者雇用状況実績報告書」、「下請負人選定通知書」、「建設資材の仕様状況報告書」、「工事用資材使用調書」等を提出すること、等が規定されていた。

　重要なことは、同市の行政指導要綱には、公共工事入札・契約適正化法の実施、「適切な工事施工」という概念に、地域経済振興を加えたことである。これを起点に、下請事業者や就労する労働者の量、質、とくに企業からの「雇用状況実績報告書」と労働者に「労働条件通知書」を交付し、同市の公共工事事業実施に係る基本的労働条件とその実施状況を把握できる体制を築こうとしていた。

　さらに下請事業者の把握とともに資材供給事業者を一括した「建築資材使用状況報告書」、セメント、生こん、骨材、型鋼、木材等に関する工事資材についての「工事用資材仕様書」など、取扱事業者や資材の供給地域（道の内外および市内等）を把握している点で地域要件の実現が明らかである。

　こうした基礎的情報を把握しながら、事業者と労働者の双方に関する対応に当たって、関連する労働組合等の見解も含めた現場調査体制をつくってきていた経緯もある。

　それはこの時期において、上記『調査報告集』は公契約条例制定への重要な一里塚とし、とくに多く地方自治体が公契約締結後の施工過程を「民・民関係不介入の原則」、「賃金・労働条件は労使自主決定が原則」、「賃金規制は最低賃金法で規制済み」などの見解が多数を占めていた時期において、これら「行政の不作為」を脱して、優れて条例制定への具体的過程を構築させる内容を持っていた。

　なかでも、各種帳票類、手続規定には、同市土木部の公共事業に関する改善の要点を認識し、改善の方向を示している意味は大きい。

　さらに付言すれば、地域における労働者の状態を改善するには、

地方自治体の努力が大きな力を持つこと、さらに国の機関である労働行政、職業安定所や労働基準監督署、さらに経済産業省や公正取引委員会の地方組織との連携も視野に入れなければならない。

とくに官公需法などを活用し、地域経済の組織化と受注促進を図るなどして、労働条件を向上できる地域経済の担い手となる中小企業経営の改善、経営力の向上に寄与する政策が求められる。ただし、現在、官公需法の活用に関しては、受注機会を失う。というのは官公需受注協同組合に参加した事業者は、共同受注すると他の公共工事の入札が制限される（入札不可）。この規制から限界が指摘され、その規制の見直しを指摘しておきたい。

新宿区および港区等における行政指導方式

東京の新宿区および港区においては、行政指導によって、労働条件の改善を中核にした取組が進められている。

港区では、指導対象事業が130万円以上と、低い発注額の案件にまで引き下げられているうえに、建設工事請負では、労働報酬下限額を東京都の設計労務単価の90%以上（ただし、手元、見習は1,070円）、また業務委託・指定管理者は、長期継続契約が一般作業員1,070円、保育士1,100円、給食調理1,070円、看護師、保健師、栄養士が1,380円と、職種別に報酬下限額を設定している。

職種別報酬下限額の設定は、採用・雇用政策に関連する一つの重要な条件である。とくに公募形式をとって募集、採用、配置が多い。その場合、職種別報酬下限額規定の存在は、採用過程での透明性を保ち、他の区市と比較して判断する比較要件になる。

また、行政指導に関して、区による現場調査、労働条件チェック・シートの作成、運用、解析等に、社会保険労務士の地域支部への委託業務にしている場合がある。それは、行政指導に限らず、現場職員の定数削減の影響で、過重労働になる可能性もあり、また専門家

集団に外部委託に頼る業務執行方式でもある。

　この場合に、社会保険労務士の基本業務は労働基準法の遵守業務に置かれている。だから労働条件チェック・シートは労働基準法遵守に止まらず、公契約の実施指導要綱を加えた調査を行うことが必要となる。つまり、労働基準法等の順守状況の調査事項に加えて、公契約に関する契約約款等、指導要綱における賃金、労働時間、社会保険加入の下請企業等に至る調査が必要となる。また、行政指導に基づいた契約書類や施工後、施工前調査との比較を可能にする書類、書式を明示しておかなければならないだろう。

3　条例制定の背景にあるILO第94号条約と公契約条例

　ところで、公契約条例誕生の過程に、ILO第94号条約が直接・間接に様々な要素を与えている。

ILO第94号条約の概要とその特徴

　公契約条例の契機になるのは、ILO第94号条約に盛り込まれた、公契約に関する労働基準に関する条項がある。それら国家レベルでの制定内容の諸基準要素もさることながら、2000年前後から、全国建設労働組合総連合、自治体労働組合を中心に、公契約条例制定を求める運動が起きてきた。その内容には、主にILO第94号条約批准を国会に要請するというよりも、これら条約の内容や批准過程における経緯を踏まえ、地方議会からの国会への批准請願という形をとり、それが地方自治体で独自に条例制定運動となっていった。主として全建総連など、建設労働組合や自治体職員労働組合の地方組織および地方議会とが連携した運動によって、公契約条例に公契約法に擬えた理念や改善方法の実行を求める実現可能な条例を地域の政治力を活用した行動、運動として広められていった。

　いわばお蔵入り状態にあったILO第94号条約を手掛かりに、国

に対しては公契約法制定、というよりも建設産業における賃金・労働条件の悪化を抑止する世論喚起に活用されたともいえよう。では、ILO第94号条約とはどのような条約であったろうか。以下、条約が規定した公契約法の概要を示しておこう。

　ILO第94号条約は、その第1条で、条約適用の対象を以下の条件を満たす契約と規定している。すなわち、その第1項で、①契約の当事者の少なくとも一方は公の機関であること、②契約の履行は次のものを伴うこととし、他方、公の機関による資金の支出、契約の当事者による労働者の使用、③契約は次のものであるとし、土木工事の建設、変更、修理もしくは解体、材料、補給品もしくは装置の製作、組立もしくは発送、又は労務の遂行もしくは提供、などとしている。

　また、第94号条約は、公と直接取引する当事者だけでなく、同条第3項において「下請事業者または契約の受託者により行われる作業」も対象としている。ただし、事業者団体及び労働者団体との協議のうえで定める限度を超えない額の公の資金の支出を伴う契約を適用除外とすることはできるとしている。これは少額契約の適用除外を認めるが、そこには労使協議で定めるとして、労使自主路線を示している。ただ、基本的に元請企業と下請企業の労働者と同一適用を規定している。下請重層構造による同一労働・格差賃金を当然是正対象としている。

　さらに同第94号条約は第2条で、公契約の労働条件について、契約は「当該労働が行われる地方において関係ある職業または産業における同一性質の労働に対し次のものにより定められているものに劣らない有利な賃金（手当を含む）、労働時間その他の労働条件を関係労働者に確保する条項を包含しなければならない」として（第2条第1項）、同一（性質）労働同一賃金という労働条件原則の適用を

規定している。

また「前項に掲げられる労働条件が同項に掲げられる方法をもって規制されない場合には、契約中に挿入される条項は、右のものに劣らない有利な賃金（手当を含む）、労働時間その他の労働条件を関係労働者に確保するものでなければならない」と規定している。つまり、規制逃れをしようとしても賃金・労働条件の適用を労働協約もしくはその他の公認交渉機関、仲裁または国内の法令もしくは規則により遵守するように定められている。この規定は、賃金に関していわゆるPW（prevailing wagesすなわち地域の一般的平均的市場賃金）を超えるレベルが求められている。

さらに、同94号条約第5条においては「労働条項の規定の遵守及び適用を怠る場合は、契約の手控えその他により適当な制裁を適用しなければならない」とし、「関係労働者をしてその正当な賃金を受けることを得せしめるため、契約の下における支払い手控えその他の方法により適当の措置を講じなければならない」とし、罰則規定が設けられている。

公契約条例とILO第94号条約との整合性

これらの基本的なILO第94号条約を、地方自治体の公契約条例の条項に移し替えようとすると、国際労働基準としての労働法条項がそのまま地方自治体の条例に滑り込ませることが可能かどうか、またそれは適切かどうか、それらの吟味が必要となる。

公契約条例は、地方自治体の議会における条例制定という手続要件がある。地方自治体における議会での制定が条例の法的権限の基礎である、ということは、明確に労働法規における国会審議規定とは異なっており、地方自治法により発揮される法的根拠によるものとしなければならない。

ILO第94号条約批准を経ていれば、国法として扱われるから、強

い強制力を持つことになる。だから第94号条約が批准されれば、条例制定なしでも賃金規制の新たな法規ができる。また、そこでは労働条件以外にも、子育て支援、介護支援に関する社会的規定を盛りこむことも可能である。

　しかし、日本では第94号条約が未批准であるから、それに代わって地方自治法による公契約条例制定、例えば地域最賃額を上回る支払義務規定を条例に規定できるかどうかが問われている。

　最低賃金法による地域最賃を上回る支払いを規定する公契約条例は、下回る行為の違法性は問われても、最賃額を超える規定自身は最低賃金法違反には該当しない。まして公契約条例に最低賃金を超える賃金を設定しても、それは最低賃金法違反とはならない。

　この問題は2009年2月24日、民主党立源尾幸議員の質問に対する内閣総理大臣麻生太郎の答弁書で、「条例において、地方公共団体の契約の相手方たる企業等の使用者は最低賃金法第9条第1項に規定する地域別最低賃金において定める最低賃金額を上回る賃金を労働者に支払わなくてはならないとすることは、同法上、問題となるものではない」との答弁書が出されている（120ページ参照）。つまり、最低賃金制における最低賃金額を超えることには何の違法性はない。政府答弁にもその通りという結論が出されている。労働条件を引き上げることは、経済的には好ましい循環を生むのである。だからこそ賃金を一定水準以下に引下げ行為を規制するのが最低賃金制度であって、この法規制では、規制額に賃金額を上乗せすることを禁止してはいない。

　それが、公契約条例によるものであっても何ら最低賃金法に抵触はしない。問題はむしろ、行政、とくに地方自治体が最低賃金制度を超える賃金を、公契約条例制定によって事業者に押し付ける法規のように誤解した見解を正しておくことが重要である。

公契約条例の最低賃金額、それは契約案件の現場事業所、工事現場の労働者に限定適用されるのであって、企業が定めている就業規則、または労働組合と締結している労働協約を変更させるような機能を有しているわけではない。つまり、あくまでも公契約限定的な拘束力なのである。

公契約条例推進の効果を広げる方向

　公契約条例は、以上のように、極めて限定的な、法的効果しか発揮し得ないということもできる。公契約適用契約事案であって、しかもその契約事業所や現場労働者に限定されている。だからその影響は、適用を受けた現場労働者であり、同じ企業の労働者でも現場が違えば、不適用であったとしても条例違反ではない。したがって効果は大きくないといえるだろうか。それも今後の大きな課題である。

　行政の公契約において条例適用事案に限って求められる賃金・労働条件の引上げは、次のような作用を生むであろう。

　①条例による労働報酬下限額は、最低賃金額を上回る。だから公契約未適用の事案にも間接的上昇効果を防げないと予想される。つまり最低賃金固定型の職種、業種に潜在的な引上げ作用を生み出すであろう。

　②条例賃金は、同一企業における条例未適用の別の現場労働者にも間接的に上昇期待を生み、賃金水準引上げ実施への土壌を強める効果が生じることは避けられない。また、賃金計算等における曖昧な労働時間管理等の不公正、違法性が可視化され、労働条件改善を産業全体および労働者の双方に潜在的押上げ効果をもたらすであろう。

　③公契約条例の実施により、建設業、各種事業を担うビルメン関係職種、介護（基幹職種は国の規制）、保育、給食や学童保育等の業

務委託関連産業の雇用改善や賃金引上げには間接的影響を発揮する。それは、民間企業の低賃金分野に、間接的ながらも明確な波及効果を持つだろう。つまり、ベース賃金上昇にはならないが、競争的労働市場ほど上昇作用を強めることになる。

　④いまだ社会保険未加入者が1,000万人ちかくに及ぶ日本で、社会保険制度拡充に避けがたい改善圧力となるであろう。それは間接的ながら企業経営の存在条件の引上げるベクトルを強めるであろう。

　⑤多くの自治体において、次年度予算編成時期を前に、公契約の労働報酬下限額を審議・論議する。このことは、一種の地域賃金水準形成の公共空間，市場機能の発揮に近づける。地域限定だが、産業ごとの賃金・労働条件の交渉、協約を行う活動にヴァーチャル・マーケット（仮想的か逆に実質的かの市場）の設定も可能となるかも知れない。

　以上のように、公契約条例制定は種々の適用対象の限界によって小さな改革の可能性に止まるかもしれない。だが、条例制定とその世話を積上げていくことになれば、労働法の代替機能とは全く異なる、新たな行財政運営に事業者団体、労働組合そして市民・住民代表による第三者が、行政活動に参画する「地域行財政圏」という公共空間を生み出す可能性もある。それは、「自治体戦略2040」とは異なる地方自治拡充を対置した対抗軸への支援機能も発揮することになるかもしれない。

第Ⅰ部資料
尼崎市公契約案に関する意見書

このたび、尼崎市議会議員提出議案である「尼崎市における公契約の契約制度のあり方に関する条例案」（以下「本条例案」という）に対して尼崎市当局から出されている見解について、同議案の提出議員から意見を求められましたので、以下に、私の意見を述べることとします。なお、私に求められたのは、同条例案における公契約制度の違法性に関する尼崎市当局の見解についての行政法学の立場からの意見ですので、以下、この点を中心に私の意見を述べることとします。

　　　　　　2009年2月18日
　　　専修大学大学院法務研究科
　　　　（法科大学院）教授　晴山一穂

1　尼崎市当局の見解

尼崎市当局は、本条例案にかかる違法性の問題として、①本条例案の違憲性（最低賃金額を上回る賃金を定めることは条例による労働条件に対する介入であり、労働条件に関する基準を法律で定めるとしている憲法27条2項に違反すること）、②本条例案の最低賃金法への違反（最低賃金法への上乗せ条例である本条例案は、法律と条例の関係からみて最低賃金法に違反するものであること）、③本条例案の自治立法としての限界の逸脱（労働条件の内容への介入は法律の役割であり、本条例案は地方公共団体が地方自治法14条1項に基づき条例を制定できる事務の範囲を逸脱していること）、④処理コストと地自法違反（本条例案は、最小の経費で最大の効果をあげなければならないとする原則に違反するほか、地方自治法のいくつかの規定に違反していること）、の4点をあげている。

以下、順次、検討を加えていきたい。

2　本条例案の違憲性

(1)　尼崎市当局の見解の中心をなすのは、上記①の本条例の違憲性の主張である。この主張は、②以下の主張の前提をなすものであり、この主張が崩れると本条例の違法性に関する市当局の主張の多くは成り立たなくなるという関係にあるといってよい。この主張は、要するに、憲法27条2項は、労働条件（同条にいう勤労条件）に関する基準を法律で定めると規定しているのであるから、労働条件に対する公的機関の介入は法律によ

るべきであって、条例によることは許されないところ、本条例案は、最低賃金法に基づく賃金額を上回る賃金の支払いを遵守させることを内容としており、実質的に条例が雇用契約の内容に介入していることになるから、憲法27条2項に違反して違法（違憲）である、というものである。しかし、この主張は、本条例案が地方公共団体による労働条件に対する介入である、というその前提の理解の点で、基本的な誤りを犯しているといわざるをえない。

(2) たしかに、憲法27条2項は、「賃金、就業時間、休息その他の勤務条件に関する基準は、法律でこれを定める。」と規定している。そして、これに基づいて、現在、労働基準法（以下「労基法」という）、最低賃金法（以下「最賃法」という）、労働安全衛生法、労働者災害補償保険法、男女雇用機会均等法など、労働者保護のための一連の法律が制定されている。それでは、憲法27条2項が労働条件の基準を法律で定めるとしていることの意味は、いったいどこにあるのであろうか。いま、このことを、労働者保護法の基本法である労基法の規定に即しながらみてみると、以下のようになる。

ア　まず、労基法1条は、第1項において、「労働条件は、労働者が人たるに値する生活を営むための必要を充たすものでなければならない。」と定めている。これは、同法の目的が、労働者の生存権保障、すなわち憲法25条1項が定める「健康で文化的な最低限度の生活」を営むことを労働者に対して保障することにあることを示している。そして、これをうけて、第2項では、「この法律で定める労働条件の基準は最低のものであるから、労働関係の当事者は、この基準を理由として労働条件を低下させてはならないことはもとより、その向上に努めなければならない。」と定められている。ここでは、同法の定める労働条件があくまで最低基準にとどまるものであること、そして、そのことを踏まえて労使はその向上に努めなければならないことがうたわれている。

イ　以上の原則を踏まえたうえで、労基法（およびそれと一体の関係にある最賃法等の諸法律）は、賃金、労働時間等労働条件の具体的基準を全国一律の最低基準として定めているが、ここで重要なことは、労基法が、同法の

規定に実効性をもたせるための措置として、一方で、同法の定める基準に達しない労働条件を定める労働契約を無効とするとともに（労基法の「強行的・直律的効力」と呼ばれる）、他方で、同法各条違反に対して罰則を定めることによって刑罰によってその遵守を強制している、ということである。そして、労基法は、使用者が実際に同法を遵守しているかどうかを監視・監督するための行政組織として、厚生労働省労働基準局—都道府県労働基準局—労働基準監督署という一連の監督機関を設け、これらの機関に対して、臨検、書類提出要求、尋問、許可等の行政上の権限を与えるとともに、同法違反の罪について刑事訴訟法に規定する司法警察官の職務（逮捕、差押、捜査、検証）を行うという強力な権限を付与している。また、これに伴って、労働者に対しては、同法違反の事実について労働基準監督官に対して申告する権利を認め（この申告を理由とする不利益な取扱いは禁止される）、これらの監督機関に対して職権の発動を促すこととしているのである。

ウ　以上の点については、労基法の姉妹法である最賃法も、労基法とほぼ同じ仕組みを採用している。すなわち、最賃法は、使用者に対して最賃法に基づく最低賃金額以上の賃金を支払うことを義務づけ、これに違反した場合は、その違反した労働契約の賃金に関する定めを無効とするとともに（最賃法の強行的・直律的効力）、違反した使用者に対しては刑罰（30万円以下の罰金）を科することとしている。また、最賃法の実効性を確保するために、労働基準監督官に対して立入、物件検査、質問の権限を与えるとともに、同法違反の罪について刑事訴訟法に規定する司法警察官の職務を行う権限を付与し、さらに、労働者に対して労働基準監督官に対する申告を認めている点でも、労基法の場合と同様の仕組みが採用されている。「最低賃金制度とは、国が賃金額の最低基準を定めて使用者に対してその遵守を法的に強制する制度である。」、「国が労使の賃金決定に介入してその最低基準を設定する必要が存するのである。」（いずれも菅野和男『労働法』（第7版補正2版2007年、弘文堂）218頁）との指摘は、まさにこのような

最賃法の実効性を確保するための強力な仕組みを踏まえての指摘にほかならない。

(3) 以上が、憲法 27 条 2 項に基づき労基法・最賃法が定めている労働条件に対する規制・介入の内容である。したがって、もし地方公共団体が、労基法・最賃法の定める基準を上回る労働条件を条例で定め、それを下回る労働条件を定める労働契約を無効としたり、あるいはそれへの違反に罰則を科したり、または、その実効性を確保するために、地方公共団体の機関に対して労働基準監督機関と同様の監督権限を付与してこれを監督に当たらせる、といったことを条例で定めることになれば、それはまさに地方公共団体による労働条件への規制・介入ということになり、労基法・最賃法に基づく国による労働条件に対する規制・介入と直接的に競合するということになる。そして、この場合の条例は、労基法・最賃法との関係ではいわゆる上乗せ条例に該当するということになり、法律と条例の関係論の見地からその是非が正面から問われることになるのである。

(4) しかし、本条例案が、上記の意味における地方公共団体による労働条件への規制・介入を定めたものでないことは明らかである。本条例案は、あくまでも、尼崎市が当事者となる公契約の内容の一つとして、事業者による最低賃金を上回る賃金の支払いを定めたものにすぎず、その適用対象も契約の相手方たる事業者に限られ、しかも、事業者は本条例案の内容を法的に強制されるわけではない。すなわち、事業者は、契約自由の原則のもと、本条例案の内容に同意するかしないかの自由を完全に保障されており、もし同意できないという場合には、市との契約を結ばなければよいだけであり、事業者が雇用する労働者の賃金自体が本条例案によって直接規制されることになるわけではない。この意味で、本条例案は、労基法・最賃法とはその趣旨・目的を全く異にし、両者が競合する関係にあるとはいえないのである。

(5) 本条例案が事業者に対して課する制約は、最低賃金によって尼崎市と公契約を締結することをできなくさせるという一点に尽きる。この限りにおいて、尼崎市と公契約を結ぼうとする事業者は、経済活動の自由に制約を受けるということになるが、最賃法は、事業者に対して、最低賃金によって国や公共団体と契約を締結する権利ま

で保障するものと考えるべきではない。最低賃金も、労基法が定める他の労働条件と同様に、文字通り「最低」賃金なのであって、労働関係の当事者は、その向上を図るべき努力義務を負っているのである（労基法1条2項）。公契約の締結主体である市は、労働関係の直接の当事者ではないが、公契約の締結を通して契約の相手方たる事業者が雇用する労働者の労働条件と関わっているのであり、その際に、労働者を含む住民の福祉の向上に責任を負う立場にある市が、命令強制といった権力的な手段によってではなく、公契約の締結という非権力的な手段を通して労働者の賃金の向上を図ろうとすることは、労基法・最賃法の趣旨、そしてその基礎にある憲法27条2項・憲法25条1項の理念に沿うものとして高く評価すべきことであり、決して非難されるべきことではない。もし事業者が、経済活動の自由の名のもとに、あくまでも最低賃金による市との契約締結の権利を要求し、労働者の福祉の向上を目的とする本条例案の内容を違法なものと論難しようとするのであれば、このような主張は、過度に事業者の営利にだけ偏った、あまりにも身勝手な主張といわざるをえないであろう。

3　本条例案の最低賃金法への違反

尼崎市当局は、法律と条例の関係に関する議論を引きながら、本条例案が最賃法に違反する旨を縷々述べている。ここで市当局があげている法律と条例の関係に関する議論は、徳島市公安条例事件最高裁判決（昭和50年9月10日）で示された基準を本条例案にあてはめたものであるが、この議論は、本条例案が最賃法への上乗せ条例であること、すなわち、本条例案が労働条件に対する地方公共団体の介入であり、その点で労基法・最賃法に基づく国による労働条件への介入と競合する関係にある、という理解を前提としたうえで、本条例案によって最賃法を上回る規制をすることは、上記判例法理の基準に照らして許されない、という議論にほかならない。

しかし、2で述べたように、そもそも本条例案は地方公共団体による労働条件に対する介入を意味するものではないのであるから、この議論は成立の前提を欠くものといわざるをえない。尼崎市当局は、本条例案が法律（最賃法・労基法）の目的・効果を阻害する理由として、①事業者の経営裁量を規制すること、②上乗せ賃金を受給する労働者は尼崎市民とは限らないこと、③尼崎市の業

務である場合と他市の業務である場合とで賃金に差が出ること、④上乗せ賃金を支払った場合にサービスの質が向上するかどうか不明であること、⑤下請けや派遣など市との契約にかかるすべての従業者に規制が及ぶこと、の5点をあげているが、これらはすべて、本条例案が最賃法に対する上乗せ条例であることを前提として出されている議論であって、この前提が成り立たなければ、これらの議論はそもそも本条例案の違法性を根拠づける理由とはなりえないものである。なお、上記①〜⑤の議論は、本条例案が最賃法に対する上乗せ条例かどうかとは切り離しても主張されうるものであるが、いずれも本条例案の違法性を根拠づける理由となるものではない。

4　本条例案の自治立法としての限界の逸脱

この議論もまた、本条例案が地方公共団体による労働条件への内容的規制・介入であることを前提とした議論である。したがって、これまた、3の議論と同様に、議論の前提を欠くものであって理論的に成り立ちえないものといわなければならない。本条例案は、市の締結する公契約の内容を定めるものであって、労働条件の内容に公権的に介入するものではないから、地方公共団体の事務に属することは当然であり、地方自治法（以下「地自法」という）14条1項の条例制定権の範囲内にあることは明らかである。

5　処理コストと地自法違反

(1)　尼崎市当局は、本条例案が地自法の諸規定に違反すると述べ、その内容として、①本条例案が、最小の経費で最大の効果をあげなければならないとする地治法2条14項の原則に違反すること、②本条例案は、必要な予算上の措置が適確に講じられる見込みが得られるまでの間は新たに予算を伴うこととなる条例を議会に提出してはならないとする同法222条1項に違反すること、③契約を含む予算の執行を長の権限として定める同法149条2項に違反すること、の3点をあげている。

(2)　そこで、まず、①の議論についてであるが、地自法2条14項の趣旨については、一般に次のように説明されている。

「第14項は、地方公共団体がその事務を処理するに当たって準拠すべき指針である。……地方自治は住民の責任とその負担によって運営されるものである以上、常に能率的かつ効率的に処理されなければならない。すなわち、『最小の経費で最大の効果を挙げる』こ

とが常に要請される。本項はこの面での地方自治運営の基本原則を規定したものである。」(松本英昭『逐条地方自治法〈第4次改訂版〉』(学陽書房、2007年) 55頁)

　この説明からも分かるように、この規定は、地方自治の運営が能率的・効率的になされなければならないとする当然の心構えを確認的に規定したものにほかならず、いわば一種の訓示規定と解すべきものである。このことは、この規定が新設された1952年の地自法改正の際の国会審議において、本項のような訓示規定に明らかに違反した場合無効かとの質問に対して、「精神規定で……従ってこれに違反したから……無効ということにはならない」とする政府委員の見解が示されていること(地方自治総合研究所編『逐条地方自治法Ⅰ』(敬文堂、2002年) 62頁参照)からも明らかである。

(3)　したがって、地方公共団体のある事務が、それに相当の経費を要することを理由に同項に違反して違法となるということは、よほどの例外的場合を別とすれば、原則としてないと考えるべきことになる。住民にとって必要不可欠の事務は、仮にその執行に多額の経費を要する場合があるとしても、地方公共団体の責務として行わなければならないことは当然のことであって、単に経費の観点だけからその要否が判断されるべきではない。本条例案が可決・執行された場合にどれだけの経費がかかることになるかは定かではないが、仮にそれが相当の経費の増加を伴うものであるとしても、本条例案が住民の福祉にとって必要であるとの住民と議会の合意がなされるのであれば、市としては当然支出すべき負担であることはいうまでもない。

(4)　つぎに、②にあげられている規定は、長を名宛人とする規定であって、「普通地方公共団体の長が条例案その他の案件を議会に提出しようとする場合の自己規制に関する規定」(松本前掲書720頁)とされている。したがって、議員提出案件である本条例案には直接適用される規定ではない。また、③の議論については、地自法149条2号によって予算の執行が長の権限に属させられているからといって、そのことが本条例案を可決・執行するうえでの支障になるものでないことは明らかである。したがって、本条例案の違法性を根拠づけるためにここで持ち出すことは筋違いの議論といわざるをえない。

6 政策の合理性

　最後に、政策の合理性に関する尼崎市当局の見解についても、ひとこと触れておきたい。尼崎市当局は、本条例案の政策としての合理性について、①多額の処理コストをかけて実効性の確保に疑問のある本政策を選択することは合理性に欠けるため、国の労働基準監督機関による労働法制の運用によって実施されるべきであること、②尼崎市の地域内において、本条例案が目的とする政策の効果をあげる適正な賃金水準を決定する明確な基準がないこと、③事業者から訴訟の提起があった場合に敗訴の可能性があること、の３点をあげてそれに疑問を呈している。

　このうち、まず①については、本条例案に多額のコストがかかるかどうかは明らかでなく、また本条例案には十分な実効性を認めることができ、さらに本条例案が国の労働基準監督行政と矛盾・対立するものでないことは、これまで述べてきた通りである。つぎに、②については、あらかじめ定められた基準はないとしても、議論のなかで多くの人が納得できる適正な賃金額を決定することは不可能なことではない。最後に、③については、これまで述べてきたことから本条例案が違法でないことは明らかであるので、仮に提訴があったとしても、敗訴のリスクはほとんど想定することができない。以上を要するに、これら３つの議論は、いずれも本条例案の政策的不合理性を根拠づける理由とはなりえないものといわなければならない。

資料
第171回国会　質問主意書、答弁書

質問第64号
最低賃金法と公契約条例の関係に関する質問主意書

　右の質問主意書を国会法第74条によって提出する。
　　平成21年2月24日
　　　　　　　　　　尾立　源幸
　　参議院議長　江田　五月　殿

最低賃金法と公契約条例の関係に関する質問主意書
　地方自治体において、行政サービスを外部委託する際の労働者の最低賃金などを定める「公契約条例」の制定が模索されている。しかし、最低賃金法における地域別最低賃金額を上回る最低賃金額を、公契約条例において設定する場合、公契約条例と最低賃金法のいずれが有効か定かではない。そこで以下質問する。
一　公契約条例の中で、地域別最低賃金額を上回る最低賃金額と罰則を規定する場合について
　　1　最低賃金法から如何なる制約を受けるか。
　　2　実際に罰則を課すことは可能か。
二　地方自治体が執行する入札において、地方自治法施行令に基づく「総合評価制度」の項目に地域別最低賃金額を上回る最低賃金額と罰則を規定する場合について
　　1　最低賃金法から如何なる制約を受けるか。
　　2　実際に罰則を課すことは可能か。
三　地方自治体が最低賃金法の趣旨を踏まえ、地域別最低賃金額を上回る独自の最低賃金額を規定した条例を制定することは可能か。
　　右質問する。

答弁書第64号
内閣参質171第64号
　　平成21年3月6日
　　　　内閣総理大臣　麻生　太郎
　　参議院議長　江田　五月　殿
　　参議院議員尾立源幸君提出最低賃金法と公契約条例の関係に関する質問に対し、別紙答弁書を送付する。

参議院議員尾立源幸君提出最低賃金法と公契約条例の関係に関する質問に対する答弁書
一の1について
　　御指摘の「公契約条例」の具体的内容が必ずしも明らかでないが、

当該条例において、地方公共団体の契約の相手方たる企業等の使用者は、最低賃金法（昭和34年法律第137号）第9条第1項に規定する地域別最低賃金において定める最低賃金額（以下「地域別最低賃金額」という。）を上回る賃金を労働者に支払わなくてはならないこととすることは、同法上、問題となるものではない。

一の2について

　お尋ねについては、具体的にどのような行為に対して罰則を課すこととなるのか必ずしも明らかでないが、一般に、地方公共団体は、地方自治法（昭和22年法律第67号）第14条の規定に基づき、条例を制定し、当該条例中に罰則を設けることができる。

二の1について

　地方公共団体が、地方自治法施行令（昭和22年政令第16号）第167条の10の2において規定する総合評価方式による入札を行い、落札者を決定しようとする場合において、同条第3項に規定する落札者決定基準として、入札に参加する企業等の使用者が地域別最低賃金額を上回る賃金を労働者に支払っているか否かを定めることは、最低賃金法上、問題となるものではない。

二の2について

　お尋ねについては、具体的にどのような行為に対して罰則を課すこととなるのか必ずしも明らかでないが、地方公共団体は、地方自治法第14条第3項において、法令に特別の定めがあるものを除くほか、条例中に罰則規定を設けることができる旨が規定されており、この規定に該当する場合以外の場合は、罰則を設けることはできない。

三について

　最低賃金法上の地域別最低賃金は、労働者の労働条件の改善を図るとともに、事業の公正な競争の確保に資すること等を目的として、地域の経済状況等を踏まえつつ、一方で全国的に整合性のある額を設定するものであり、御指摘のような条例は、このような地域別最低賃金の趣旨に反するものであることから、これを制定することは、地方自治法第14条第1項の規定に違反するものであると考える。

資料
野田市公契約条例　　平成21年9月30日

　地方公共団体の入札は、一般競争入札の拡大や総合評価方式の採用などの改革が進められてきたが、一方で低入札価格の問題によって下請の事業者や業務に従事する労働者にしわ寄せがされ、労働者の賃金の低下を招く状況になってきている。

　このような状況を改善し、公平かつ適正な入札を通じて豊かな地域社会の実現と労働者の適正な労働条件が確保されることは、ひとつの自治体で解決できるものではなく、国が公契約に関する法律の整備の重要性を認識し、速やかに必要な措置を講ずることが不可欠である。

　本市は、このような状況をただ見過ごすことなく先導的にこの問題に取り組んでいくことで、地方公共団体の締結する契約が豊かで安心して暮らすことのできる地域社会の実現に寄与することができるよう貢献したいと思う。

　この決意のもとに、公契約に係る業務の質の確保及び公契約の社会的な価値の向上を図るため、この条例を制定する。

（目的）

第1条　この条例は、公契約に係る業務に従事する労働者の適正な労働条件を確保することにより、当該業務の質の確保及び公契約の社会的な価値の向上を図り、もって市民が豊かで安心して暮らすことのできる地域社会を実現することを目的とする。

（定義）

第2条　この条例において、次の各号に掲げる用語の意義は、当該各号に定めるところによる。

(1)　公契約　市が発注する工事又は製造その他についての請負の契約及び野田市公の施設の指定管理者の指定の手続等に関する条例（平成21年野田市条例第7号）第6条第1項の規定により市長又は教育委員会が締結する公の施設の管理に関する協定（以下「指定管理協定」という。）

(2)　受注者　第4条に規定する公契約を市と締結した者

(3)　下請負者　下請その他いかなる名義によるかを問わず、市以外の者から第4条に規定する公契約に係る業務の一部について請け負った者

(4)　請負労働者　自らが提供する労務の対価を得るために公契約に係る業務の一部についての請

負の契約により当該公契約に係る業務に従事する者で次のいずれにも該当するものであって、労働基準法（昭和22年法律第49号）第9条に規定する労働者と同視すべきものとして市長が認めるもの
　ア　当該公契約に係る業務に使用する資材の調達を自ら行わない者
　イ　当該公契約に係る業務に使用する建設機械その他の機械を持ち込まない者
(5)　賃金等　労働基準法第11条に規定する賃金及び請負労働者の収入
（受注者等の責務）
第3条　受注者、下請負者及び労働者派遣事業の適正な運営の確保及び派遣労働者の保護等に関する法律（昭和60年法律第88号。以下「法」という。）の規定に基づき受注者又は下請負者に労働者を派遣する者（以下「受注者等」という。）は、法令等を遵守し、労働者の適正な労働条件を確保することはもとより、公契約に関係する責任を自覚し、公契約に係る業務に従事する者が誇りを持って良質な業務を実施することができるよう、労働者の更なる福祉の向上に努めなければならない。

（公契約の範囲）
第4条　この条例が適用される公契約は、一般競争入札、指名競争入札又は随意契約の方法により締結される契約であって、次に掲げるもの及び全ての指定管理協定とする。
(1)　予定価格が4,000万円以上の工事又は製造の請負の契約
(2)　予定価格が1,000万円以上の工事又は製造以外の請負の契約のうち、市長が別に定めるもの
(3)　前号に定めるもののほか、工事又は製造以外の請負の契約のうち、市長が適正な賃金等の水準を確保するため特に必要があると認めるもの
（労働者の範囲）
第5条　この条例の適用を受ける労働者（以下「適用労働者」という。）は、前条に規定する公契約に係る業務に従事する労働基準法第9条に規定する労働者（同居の親族のみを使用する事業又は事務所に使用される者、家事使用人及び最低賃金法（昭和34年法律第137号）第7条の規定の適用を受ける者を除く。第15条において同じ。）であって、次の各号のいずれかに該当するもの及び前条に規定する公契約に係る請負労働者とする。

(1) 受注者に雇用され、専ら当該公契約に係る業務に従事する者
(2) 下請負者に雇用され、専ら当該公契約に係る業務に従事する者
(3) 法の規定に基づき受注者又は下請負者に派遣され、専ら当該公契約に係る業務に従事する者

(適用労働者の賃金等)
第6条　受注者等は、適用労働者に対し、次に定める1時間当たりの賃金等の最低額(1円未満の端数があるときは、これを切り上げた額)以上の賃金等を支払わなければならない。
(1) 工事又は製造の請負の契約
　　契約を締結した日の属する年度の農林水産省及び国土交通省が公共工事の積算に用いるため決定した公共工事設計労務単価(以下この号において「労務単価」という。)に規定する職種ごとに、千葉県において定められた額を8で除した額に100分の85を乗じて得た額(労務単価に規定されていない職種又は千葉県において額が定められていない職種にあっては、労務単価を勘案して市長が別に定める額)
(2) 工事又は製造以外の請負の契約及び指定管理協定　野田市一般職の職員の給与に関する条例(昭和26年野田市条例第32号)別表第1及び別表第1の2に定める額、国土交通省が国の建築保全業務を委託する際の費用の積算に用いるため毎年度決定する建築保全業務労務単価その他の公的機関が定める基準等並びに本市が既に締結した工事又は製造以外の請負の契約に係る労働者の賃金等を勘案して市長が別に定める額
2　工事又は製造以外の請負の契約及び指定管理協定については、最低賃金法第4条第3項各号に掲げる賃金は、前項に規定する賃金等に算入しない。
3　第1項の規定の適用については、最低賃金法施行規則(昭和34年労働省令第16号)第2条の規定を準用する。

(適用労働者の申出)
第6条の2　適用労働者は、支払われた賃金等の額が前条第1項に規定する賃金等の最低額を下回るときその他受注者等がこの条例に定める事項に違反する事実があるときは、市長又は受注者等にその旨の申出をすることができる。
2　受注者等は、適用労働者が前項の申出をしたことを理由として、当該適用労働者に対して解雇その他不利益な取扱いをしてはならな

い。
（適用労働者への周知）
第7条　受注者は、次に掲げる事項を公契約に係る業務が実施される作業場の見やすい場所に掲示し、若しくは備え付け、又は書面を交付することによって適用労働者に周知しなければならない。
(1)　適用労働者の範囲
(2)　第6条第1項に規定する賃金等の最低額
(3)　前条第1項の申出をする場合の連絡先及び当該申出をしたことを理由として、解雇その他不利益な取扱いを受けないこと。
（受注者の連帯責任等）
第8条　受注者は、下請負者及び法の規定に基づき受注者又は下請負者に労働者を派遣する者（以下「受注関係者」という。）がその雇用する適用労働者に対して支払った賃金等の額が第6条第1項に規定する賃金等の最低額を下回ったときは、その差額分の賃金等について、当該受注関係者と連帯して支払う義務を負う。
2　受注者は、公契約に係る業務に従事する労働者の適正な労働条件及び当該業務の質の確保が下請負者の安定した経営に基づいて成り立つことを十分に考慮して、建設業法（昭和24年法律第100号）又は下請代金支払遅延等防止法（昭和31年法律第120号）を遵守し、下請負者との契約を締結するに当たっては、各々の対等な立場における合意に基づいた公正な契約としなければならない。
（報告及び立入検査）
第9条　市長は、適用労働者から第6条の2第1項の申出があったとき及びこの条例に定める事項の遵守状況を確認するため必要があると認めるときは、受注者等に対して必要な報告を求め、又はその職員に、当該事業所に立ち入り、適用労働者の労働条件が分かる書類その他の物件を検査させ、若しくは関係者に質問させることができる。
2　前項の規定により立入検査をする職員は、その身分を示す証明書を携帯し、関係者の請求があったときは、これを提示しなければならない。
（是正措置）
第10条　市長は、前条第1項の報告及び立入検査の結果、受注者等がこの条例の規定に違反していると認めるときは、受注者の違反については受注者に、受注関係者の違反については受注関係者（第6条第1項の規定に違反しているときは受注者及び受注関係者）に対し、

速やかに当該違反を是正するために必要な措置を講ずることを命じなければならない。
2　受注者等は、前項の規定により違反を是正するために必要な措置を講ずることを命じられた場合には、速やかに是正の措置を講じ、市長が定める期日までに、市長に報告しなければならない。
（公契約の解除）
第11条　市長は、受注者等が次の各号のいずれかに該当するときは、市と受注者との公契約を解除することができる。
　(1)　第9条第1項の報告をせず、若しくは虚偽の報告をし、又は同項の規定による検査を拒み、妨げ、若しくは忌避し、若しくは質問に対して答弁せず、若しくは虚偽の答弁をしたとき。
　(2)　前条第1項の命令に従わないとき。
　(3)　前条第2項の報告をせず、又は虚偽の報告をしたとき。
2　前項の規定により公契約を解除した場合において、受注者等に損害が生じても、市長は、その損害を賠償する責任を負わない。
（公表）
第12条　市長は、前条第1項の規定により公契約の解除をしたとき又は公契約の終了後に受注者等がこの条例の規定に違反したことが判明したときは、市長が別に定めるところにより公表するものとする。
（損害賠償）
第13条　受注者は、第11条第1項の規定による解除によって市に損害が生じたときは、その損害を賠償しなければならない。ただし、市長がやむを得ない事由があると認めるときは、この限りでない。
（違約金）
第14条　市長は、受注者等がこの条例の規定に違反したときは、違約金を徴収することができる。
（野田市公契約審議会の設置）
第14条の2　第6条第1項に規定する賃金等の最低額に関する事項その他公契約に関する重要な事項について調査審議するため、野田市公契約審議会（以下「審議会」という。）を設置する。
（組織）
第14条の3　審議会は、委員6人以内で組織する。
（委員）
第14条の4　委員は、次の各号に掲げる者のうちから市長が委嘱する。
　(1)　労働者団体を代表する者
　(2)　事業者
　(3)　学識経験者
2　委員の任期は、2年とする。ただし、補欠の委員の任期は、前任

者の残任期間とする。
3　委員は、再任されることができる。
4　委員は、職務上知ることができた秘密を漏らしてはならない。その職を退いた後も同様とする。
（会長）
第14条の5　審議会に、会長を置き、委員の互選により選任する。
2　会長は、会務を総理し、審議会を代表する。
3　会長に事故があるときは、あらかじめその指名する委員が、その職務を代理する。
（会議）
第14条の6　審議会の会議は、会長が招集し、議長となる。
2　審議会は、委員の半数以上が出席し、かつ、労働者団体を代表する者である委員、事業者である委員及び学識経験者である委員それぞれ1人以上が出席しなければ、会議を開くことができない。
3　会議の議事は、出席委員の過半数で決し、可否同数のときは、議長の決するところによる。
（意見の聴取等）
第14条の7　審議会は、その所掌事務を遂行するため必要があると認めるときは、関係者に対し、出席を求め、意見を聴き、又は資料の提出を求めることができる。

（総合評価一般競争入札等の措置）
第15条　市長は、地方自治法施行令（昭和22年政令第16号）第167条の10の2第3項に規定する総合評価一般競争入札（同令第167条の13で準用する場合を含む。）により落札者の決定（第4条第1号に掲げる契約に係る落札者の決定を除く。）をしようとするときは、当該決定に係る業務（以下この条において「決定業務」という。）に従事する労働基準法第9条に規定する労働者であって、次の各号のいずれかに該当するもの及び決定業務に係る請負労働者の賃金等を評価するものとする。
(1)　落札者に雇用され、専ら決定業務に従事する者
(2)　下請その他いかなる名義によるかを問わず、市以外の者から決定業務の一部について請け負った者（次号において「その他請負者」という。）に雇用され、専ら決定業務に従事する者
(3)　法の規定に基づき落札者又はその他請負者に派遣され、専ら決定業務に従事する者
（低入札価格調査制度の拡充等の措置）
第16条　市長は、公契約に係る業務に従事する労働者の適正な労働条件及び当該業務の質の確保が下請

負者の安定した経営に基づいて成り立つことを十分に考慮して、低入札価格調査制度の拡充等の必要な措置を講ずるものとする。
2　市長は、適用労働者の雇用の安定並びに公契約に係る業務の質及び継続性の確保を図るため、野田市長期継続契約を締結することができる契約に関する条例（平成17年野田市条例第32号）第2条に規定する契約を締結する等の必要な措置を講ずるものとする。
3　受注者等は、適用労働者の雇用の安定並びに公契約に係る業務の質及び継続性の確保を図るため、公契約の締結前に当該公契約に係る業務に従事していた適用労働者を雇用し、及び前項の措置に係る適用労働者を継続して雇用するよう努めなければならない。
（委任）
第17条　この条例の施行に関し必要な事項は、市長が定める。
（水道事業への適用）
第18条　第2条から第14条まで及び第15条から前条までの規定は、水道事業が発注する工事又は製造その他についての請負の契約について準用する。
附　則
（以下、略）
　　　　（最終改正平成29年3月29日）

第 II 部

世田谷区公契約条例
―制定への取組みと運用の実際―

中村重美

第5章　世田谷区公契約条例
　　　　　―制定への取組みと運用の実際―

はじめに

　世田谷区では、「世田谷区公契約条例」（以下、条例）が区議会全会派の賛成で2014年9月に成立し、2015年4月から施行された。
　2006年12月に条例制定への準備会を、2007年6月に「公契約推進世田谷懇談会」（以下、懇談会）を発足させ、足かけ9年の歳月をかけて条例に結実させたことになる。

1　賃金・労働条件と区内中小企業振興を車の両輪とする条例

条例の目的：産業振興、地域経済活性化、区民福祉の増進

　条例は前文で、「採算を度外視した受注をせざるをえない状況」というダンピングの横行を背景とした「事業者が置かれた厳しい経営環境の実態」や「不安定な雇用によって低賃金労働者が出現する」といった事態を指摘し、「事業者の経営環境が改善され、適正な賃金の支払いなど労働者の労働条件が守られ、また、公共事業の品質が確保され、もって区民の福祉が増進されることを目指し」て、制定に至ったことを明示している。
　条例第1条（目的）において、「適正な入札等を実施」、「労働者の適正な労働条件を確保」、「事業者の経営環境の改善」等を図り、「公契約に係る業務の質の確保、区内産業の振興及び地域経済の活性化並びに区民の生活の安全安心及び福祉の増進を図る」ことを謳っている。つまり、「事業者の経営環境」と「労働者の労働条件」の改善・確保を通じて、公共工事やサービスの「質の確保」のみならず、

「産業振興」「地域経済活性化」「区民福祉の増進」を図るという、いわば、中小企業振興を含む「産業振興」と地方自治法の最重要目的である「住民福祉の増進」を掲げていることが特徴といえる。

この条項をうけて、条例第3条（基本方針）において、「地域経済の活性化が促進されるために区内に事務所等を有する事業者等が受注することができる機会及び区内に住所を有する労働者が雇用される機会の確保」を規定している。

条例の根幹をなす「区長の責務」（条例第4条）では、「労働報酬専門部会の意見を聴いて、職種ごとの労働報酬の下限とすべき額（以下、労働報酬下限額）を定め、これを事業者に示し、事業者が労働報酬下限額を遵守することにより、労働者に適正な賃金が支払われるようにする」と規定した。

しかし、労働報酬下限額の実現が履行されない場合、罰則等を課す規定は設けられていないという"弱点"も残された。

「公契約適正化委員会」と「労働報酬専門部会」の設置

条例第6条では、区長の附属機関として、「条例の解釈及び運用」や「公契約の適正な履行を確保するために必要となる施策に関すること」を調査審議し答申する委員会として「公契約適正化委員会」（以下、委員会）の設置を、第7条では、委員会には労働報酬下限額を審議する「労働報酬専門部会」（以下、部会）の設置を規定し、総じて、部会を含む委員会の権限と役割を明記することで条例の実効性を担保する規定を盛り込んでいる。

広く設定された条例適用の範囲

また、条例施行規則第5条（公契約の範囲等）において、「工事の請負に係る契約は3,000万円以上」、「（委託等）それ以外に係る契約は2,000万円以上」、施行規則第6条において、「賃金、労働時間、社会保険の加入の有無その他の労働条件が適正であることを確認す

るための帳票（以下、労働条件確認帳票）提出を求める契約は50万円以上（指定管理者の業務に係る協定にあっては0円）」と謳うなど、他自治体に比べると、条例の適用範囲を広く、対象も、建設のみならず、印刷を含む委託、指定管理者等、幅広く設定している。

　区議会において、労働報酬下限額を上回る賃金支払いの実効性をどう担保するか等、罰則規定のない条例の効果が議論された折り、区は、「区の再三再四の指導に従わない場合は、（「区契約事務規則」等）現行の基準に沿った指名停止処分の適用が考えられる。指導に従わない事態が多発するようであれば、罰則規定についても検討せざるを得ない」（2014年9月区議会）と表明した経過がある。

2　条例制定への取組み

(1)　懇談会の活動

出発点は官製ワーキング・プアをなくすこと

　懇談会では、バブル崩壊後の長引く不況と自治体財政の「厳しさ」を背景に、ダンピングが横行し、受注事業者や下請け、そこで働く労働者に犠牲が押し付けられている実態を踏まえ、「劣悪な労働条件が労働者の生活と権利を破壊している、公契約で官製ワーキング・プアを生み出し、住民サービスや公共建築物の質の低下を招くことがあってはならない」と考えた。そして、働く者のくらしと雇用、事業者の経営を支え、地域経済を活性化させるため、公契約に係るルールを確立し、自治体の再生を図る取組みを進めることをめざした。懇談会は、建設のみならず、委託、介護・福祉を含む労働者の処遇基準（公正労働基準）を確立することや、公共工事・サービスの質の確保・向上と従事労働者の処遇改善を一体のものとして捉え、官製ワーキング・プアを生み出さないという視点で条例の制定をめざした。そのため、実態調査、シンポジウムやワークショッ

プ、懇談を粘り強く重ねて合意形成を図ってきた。

「五労組委員長会議」の誕生と懇談会の発足

　2006年4月、熊本哲之氏（元自民党都議で都議会議長）が2003年4月区長就任以降進めてきた区政の現状と課題を検証するため、東京土建、区職労、区労連、連合世田谷、地区労の「五労組委員長」（以下、「ゴダイゴ」）が集った。当時、区民のくらしや福祉、中小事業者の生業よりも都市計画道路や下北沢、二子玉川等の市街地再開発、さらには、「行政経営改革」と称した、区立保育園の民営化等「行政改革」が優先して進められていることが施策や予算の分析を通じて明らかとなった。「ゴダイゴ」の席上、各労組の固有の課題を突き合わせる中で、東京土建から2002年に建設関係団体の手によって、「公契約条例制定に向けた請願書」を区議会に提出したが、「建設業だけを条例に定めるのはおかしい」、「要は仕事が欲しいんだろう？」と冷たくあしらわれ、請願が不採択となった経過が報告された。また、区職労からは、「官から民へ」の流れの中、職員の正規から非正規への置き換えと処遇の劣悪さが指摘された。そこで、当時バブル崩壊後横行していたダンピングや官製ワーキング・プア問題をくらしと福祉を含む区政の構造的問題の焦点のひとつとして捉え、建設分野の枠を超えた公契約に関わる幅広い取組みの構築を進めることが議論された。

　これを契機に、条例制定への準備会（2006年12月）をおき、2007年2月に「第1回公契約シンポジウム」を開催し、同年6月に懇談会を発足させた。懇談会には、建設分野だけでなく、介護・福祉、自治体非正規等さまざまな分野の関係者が参加した。また「世田谷自治問題研究所」の協力を得て、公共工事・公共サービス現場の実態調査を実施し、事業者の経営環境や従事する労働者の処遇問題の交流と共通認識づくりに着手した。この調査活動をもとに、区や区議

会に実態とデータに基づく条例制定の必要性を働きかけていくことになった。因みに「ゴダイゴ」は、憲法を生かし、民主主義を守るさまざまな地域の運動の母体ともなって今日に至っている。

　懇談会は、2009年2月から区議会の主要会派（自民、公明、民主（当時）、共産、生活者ネット、社民）と分け隔てなく懇談と要請を続けてきた。各会派からは、「契約金額は安いにこしたことはないと考えるが、こんなに安くて仕事ができるのか」、「区のサービスに従事していながら、自らが生活できないというのはおかしい」などの質問や意見が出され、実態の理解と認識を共有化してきた。

　懇談会では、公務公共一般労組の課題である区非常勤職員の処遇改善を区職労と連携して区に要請を行い、2009年4月から平均3.6％の非常勤報酬引き上げを実現した。この取組みは継続され、2015年4月から平均1.5％の引き上げ、2017年4月から、さらに平均1.0～3.9％（最大で6.3％）を引き上げた。2018年4月からは労働報酬下限額据え置きという状況の下でも平均0.13％、それぞれ引き上げられることになった。

「条例」制定運動の特徴

　懇談会は、ナショナルセンターの違いなど流れを異にする労働組合が、「ダンピングの横行とワーキング・プアをなくせ！」の一点で共同して、区の産業政策、雇用・労働政策の発展の課題とを重ね合せて取り組んできた。

　これまでの取組みには、以下のような特徴がある。

　①先行する他の自治体とは異なり、首長のトップダウンではなく、懇談会による区議会各会派と区行政に重層的に働きかける、ボトムアップによる取り組みであった。

　②条例に係る「検討委員会」設置を求める請願の全会派一致での採択をステップに、徹底して共同と合意形成を追求した。

③実態調査をベースに、懇談と課題認識の共有化を促進した。

④広範な事業者、労働者、区民の参加を視野に入れたシンポジウムをくりかえし開催（現在10回を数える）することで、世論と運動を広げ、条例づくりの過程でしばしば直面した「条例を違法視する動き」などの困難が生じた場合にも、これを牽制し、より良い条例に実らせることをめざしてきた。

(2) 区と区議会は入札・契約制度改善に動いてきた

　区は、不況下の談合問題を契機に、外部有識者を含めた「入札制度改革の提言」（2007年3月）をうけて、2007年12月に「入札監視委員会」を設置した。当初は、競争性、透明性と称した一般競争入札の拡大が志向されたが、入札監視委員会において、「低入札が頻繁にみられ、極端な低価格受注による粗雑工事、下請けへのしわ寄せ、労働条件の悪化、安全対策の不徹底」等が問題となり、区も、「価格競争が激化して利益を生まないような金額でも応札せざるを得ない過熱した状況」と説明した経過がある。2009年2月からは、「施行能力審査型総合評価競争入札」が試行されるなど、入札・契約制度改革が動き出した。

　懇談会発の流れと区行政発の流れが合流し、条例に係る検討委員会設置を経て条例へと結実していくことになった。

　区議会各会派の中でも、問題意識が醸成されていった。とりわけ、2010年度区予算案を審議した2010年第1回定例区議会では、「適正な価格による労働条件の確保を考慮する必要がある」（自民）、「非常勤職員は正規職員の定数が減少するのに反比例して増加しているが、その位置づけと活用を問う」（公明）、「条例に係る検討委員会設置を求める」（民主）、「公共事業、業務委託で、適正な下請け賃金を確保させる仕組みづくりの検討、条例をつくれ」（共産）、「総合評価競争

入札でワークライフ・バランスの取組みをポイント化する準備を」（生活者ネット）、「公共事業・公共サービスにおける雇用のあり方が問われるので条例制定に向けて調査を」（社民）等、主要会派から、条例制定やこれを進めるための検討委員会の設置を求める要望が相次いで提起された。

　懇談会は、実態調査に基づくシンポジウムや区議会各会派や区との懇談・要請を粘り強く重ねる一方で、2010年11月、「公契約条例に係る検討委員会設置を求める請願」を区議会に提出した。この請願は、2011年3月、全会派の賛成で採択された。区側からも「（「公契約条例に係る検討委員会」設置に係る）全会派一致しての区議会の意思を重く受けとめ、尊重して対応していく」との表明があり、その後の条例制定への道筋をつける、大きな転機となった。

(3)　2011年区長選挙を契機に新たな段階に到達した条例制定運動

検討委員会の設置から最終報告へ

　くらし・福祉よりも道路・市街地再開発を優先してきた区政からの転換を求める有権者の選択で、2011年4月、保坂区政が誕生した。この転換を生み出す住民運動を、「ゴダイゴ」を母体ともした「新しいせたがやをめざす会」（その後、「新しいせたがやをすすめる会」と改称）が支えた。

　前述の請願採択をうけて、同年9月1日、「世田谷区にふさわしい今後の公契約のあり方について調査及び検討を行うため」（世田谷区公契約のあり方検討委員会設置要綱）に検討委員会が設置され、懇談会推薦で3人の委員が選任され、調査・検討が始められた。2012年6月以降、大規模なアンケートが実施され、その集約を受けて、関係業界、懇談会等へのヒアリングも行われた。

　2012年11月のシンポジウムは、初めて懇談会と区の共催として

開催され、このシンポには保坂区長や検討委員の参加もあった。検討委員会の塚本一郎会長（明治大学教授：当時）からは、「入札競争が激化し低価格入札が増加している。労働環境の悪化や厳しい経済環境がもたらす区内産業への影響という課題がある。住民、地域社会が公契約の受益者であることを忘れてはいけない。公契約によって、どのような社会的価値を実現しようとするのか、社会政策的、産業政策的、地域経済政策的な視点で条例をつくっていくことが必要」との指摘があった。

検討委員会は、2013 年 8 月に最終報告を提出し「公契約における社会的価値の実現のために相応しい公契約条例の制定をめざす」という意思を表明した。また、「労働者の賃金の下限額を規定することについては、それが社会的価値向上の重要な一要素となり得るもの」と指摘し、労働報酬下限額を規定することを通して適正な賃金を確立する条例制定をめざす方向性が示された。一方、「自治体独自の労働賃金下限額の義務付けと、憲法や最低賃金法・労働基準法、地方自治法等の法律との問題が必ずしも解決されていない」とも指摘し、労働報酬下限額を規定することに慎重な姿勢を表明するなど一見矛盾する記述もあった。

区が示した条例素案には違和感があった

検討委員会最終報告をうけ、2013 年 11 月、区から条例素案（以下素案）が提示された。ところが、素案は、労働報酬下限額に関する規定がないことや、素案の前文で、「労働者の労働条件については、区は、法的に見ても、行政施策としてその是正に関与する権限を与えられていない」と記述するなど、条例の機能を事実上、拒否する構図が明らかとなった。

素案に対して、懇談会では、最低制限価格の引き上げを含む入札制度改革と適正な労働報酬下限額の設定を一体として実現すること

や、想定される首都直下型地震等災害などに備える観点から、地域密着型の中小事業者に仕事を回し、地域内資金循環を通して地域経済の活性化や地域防災への貢献を図ることが、税収等区の財政基盤にも資すること、経済性・効率性もさることながら、地方自治法は、最小の経費で最大の効果の規定に先行して住民の福祉の増進を図ることを立法目的に謳っていることなどを指摘し、区に対して見直しを強く求めた。

シンポジウム開催を契機に、世論に変化と発展が生まれた

懇談会は、2013年11月26日、6回目となるシンポジウムを開催した。その翌日から開催された11月区議会において、各会派から条例問題が取り上げられ、区議会や庁内での世論に変化が生まれた。

素案が差し戻されてから10ヵ月後の2014年9月、再び示された条例案では、素案前文にあった条例を否定するかのような記述は消え、労働報酬下限額を規定し、罰則規定がないなど実効性に関する不十分さについては区議会審議を通じて克服するという方向性が示された。

2014年10月、区長は、懇談会の構成団体でもある「ゴダイゴ」との意見交換において、懇談会が指摘した労働報酬下限額の実効性の担保や入札制度改革の具体的前進を図るための条件整備、さらに、建設のみならず委託、自治体非正規、介護・福祉を含めて、「区民の雇用とくらし、生業を守り、地域内経済循環と活性化を通して、くらしやすい世田谷区をつくりあげていく」課題について「認識を共有している」、「行政がいったん素案を出して、これを途中で変更するということは従来なかったが、議論を盛り上げてもらって条例案を提案する手立てをとらせてもらった」、「条例は、建設、委託だけでなく、区の非常勤の処遇改善にも連動させたい」、「実効性のある条例施行とするためには皆さんから声をあげてもらうことが必要だ」

と語った。翌年（2015年）4月の区長選挙で保坂区長が再選され、世田谷区公契約条例も施行されることになった。

3　条例の実質化をめぐるせめぎあい

委員会の運営をめぐって

2015年4月の条例施行により、委員会が動き出した。委員会には、懇談会から推薦の委員3人、連合東京推薦の1人が選任され、その後、連合東京を介して懇談会と連合世田谷地区協との共同実行委員会でシンポジウムを開催する道筋がつくられた。

第1回委員会（4月15日）の席上で、区側から、会長人事や今後の日程が示された。条例施行規則では、「委員会の会長及び副会長は委員の互選によりこれを定める」と規定されているにもかかわらず、委員会とは別組織である入札監視委員会の会長、副会長をそのまま会長、会長代理として横滑りさせようとする動きが持ち込まれた。また、入札監視委員会の設置が当日、突然示され、区側が入札監視委員会と部会への委員の割り振り案を提示した。さらに、委員会や入札監視委員会、部会の開催を年間1回ないし2回で済ませようとする日程案も示された。

条例が制定された経緯に照らせば、委員会の運営にあたっては、条例で規定された「条例の解釈及び運用」を含む機能と役割を発揮させる方向で、制度の内実を豊かにするため、ていねいで慎重な対応が必要とされるはずであった。にもかかわらず、このような区の動きは、委員会ひいては条例の運用を事実上形骸化させようとするものといえた。

入札監視委員会は、設置要項（2007年12月）に基づいて、条例制定前、入札制度改革の枠組みの中で設置されたものであり、条例上の規定もなく位置づけも明示されていない。懇談会は、入札監視委員

会の機能と役割の限界を克服するために条例が制定された経緯に照らせば、委員会の機能と役割を入札監視委員会に置き換えることはできないと考えた。第2回委員会（5月25日）において、条例の規定通り、委員会には部会を設置することとし、入札監視委員会は委員会の枠外に、従前通り要綱設置の委員会として独立して設置し、必要に応じて委員会とも連携すると整理された。

　副会長については、条例の規定に基づき委員の互選となり、委員全員で懇談会推薦委員からの選任が承認された。席上、区長からの諮問文が示され、その後は、概ね懇談会の提起を反映する方向で委員会運営が進められることとなった。委員会議事録の公開による「見える化」と懇談会のバックアップ、さらには懇談会と区の条例担当部門との適時的確な意見交換などを通じて、委員会や部会の権限・役割を明確化し、条例の規定に即した委員会運営を進める道筋が整えられ、さまざまな逆流を克服する手だてが図られた。

労働報酬下限額の実効性確保をめぐって

　条例には、労働報酬下限額の実現に関して事業者が遵守を怠った場合、通常想定される罰則等を課す規定が設けられていないことは前述した。代替措置として、条例第4条（区長の責務）で、「賃金、労働時間、社会保険の加入の有無その他の労働条件が適正であることを確認するための帳票（労働条件確認帳票）を作成・配布し、配布を受けた事業者が活用及び提出すること、さらに、提出された帳票に基づき、（区が）労働条件の改善に資する措置をとる」ことを定めている。

　ところで、このことに実効性をもたせるためには、労働条件確認帳票の仕様で、労働報酬下限額を根幹とする適正な労働条件を確認できることが求められる。

　ところが、区が2015年2月6日に公表した労働条件確認帳票及び

取扱要領は、「労働基準法、最低賃金法、労働安全衛生法を根拠とする」旨は明示されている一方、条例で新たに定めることとなった労働報酬下限額を含む適正な労働条件についての言及がなかった。さらに、「提出のお願い」では「各設問は、基本的に既存の労働関係法令に基づくもので、法令に定められた内容を超える新たな義務を課すものではない」とわざわざ強調されていた。その後に若干の字句の修正が行われたものの、条例が制定されるに至った経緯もその積極的な側面も事実上無視するかのような姿勢といえた。
　また、条例では、「提出された帳票に基づき、労働条件の改善に資する措置をとる」と規定されているにもかかわらず、取扱要領では、単に、「記載事項に不備があった場合に補正、補足説明、追加資料の提出を求める」ものの、労働条件の改善に資する措置に係る周知は明記されていなかった。つまり、労働条件確認帳票の形式上の不備の確認のみで、是正内容については不明であった。
　区長が、2015年2月5日の第7回「公契約シンポジウム」で、委員会の役割に関して、「委員会が制度設計をしていく、労働条件の確認方法として（作成する）チェックシート（労働条件確認帳票）で実効性を担保することができるのか否かという部分が論点となる」と述べたことに照らせば、委員会の適正な運営と労働条件確認帳票の仕様及びその運用の適否が問われることになった。
　さらに、労働条件確認帳票に記載されたものが実態を正確に反映したものであることを検証する意味で、条例上明記はされていない「労働者からの申出・通報」とこれを受けて「必要な立ち入り、調査、是正を行う」仕組みを考案することが必要となった。あらためて委員会を条例の趣旨・規定に即して運営していくことが求められることとなった。
　そもそも、条例は違憲・違法という考え方に固執する視点からの

抵抗もあり、委員会や部会の運営をめぐって様々な紆余曲折が生起することとなった。

条例を違憲・違法視する議論をめぐって

条例を憲法違反、法律違反とみなす議論は、条例制定に着手した初期の段階から繰り返し区側から提起されてきた。

その主な論点は、①労働報酬下限額など賃金を条例で定めることは条例による賃金等勤労条件に対する介入であり、「勤労条件に関する基準は法律でこれを定める」としている憲法27条2項に違反する、②最低賃金法への上乗せとなる条例は、法律と条例との関係からみて、自治立法権を逸脱して違法である、③「最小の経費で最大の効果を挙げるようにしなければならないとする地方自治の会計原則」(検討委員会最終報告：2013年8月)とこれに基づく自治体の予算執行権を侵害して違法である、というものである。

こうした考え方を集約的に表したものが、検討委員会最終報告をうけて区が区議会に提出した「世田谷区の調達に係る契約における適正な労働環境の確保等に関する条例(素案)」(2013年11月13日。以下、素案)といえる。

区は、素案の基本的な考え方として、「労働条件等については、民法、商法、労働関係法令などに基づき、使用者及び労働者間の自由な契約に基づくべきものであり、国の労働政策に係る事項であることを念頭におく」、「法令に基づく対等平等、自由な契約を最大限尊重し、かつ、長の専権たる予算執行権を侵すことなく区が締結する契約において適正な労働環境が確保されるための取組みを規定する」、「(千葉県野田市条例等)先行自治体の例にあるような、最低賃金を守らない場合は契約を解除するなどといった強権的なものでなく、あくまでも事業者及び区民に対する広報や啓蒙啓発を主体とする協調型、意識誘導型とする」、「条例制定は、入札制度改革の取組みの

中の一環」等と表明していた。
　素案は、本文においても、「公契約」ではなく、単に「契約」とのみ表記され、「労働環境」とは表記されても「労働条件」や「労働報酬下限額」の規定は明示されなかった。いわば、条例が備えるべき要件を欠いたものであった。区側は、「（労働報酬下限額を決めることは最低賃金の上乗せであって）条例は違法」、「（労働問題は国が法整備すべきものであって）労使の問題である賃金・労働条件に区は口出しすべきでない」、「（規制ではなく）あくまで協調型・意識誘導型でいく」、「罰則は設けない」と繰り返し主張してきた。
　区議会では、主要会派からは、素案には「賃金・労働条件の記述や扱いの取り決めがない」、「条例の実効性が担保されていない」、「地域産業の育成に関する記述もない」といった論点が提起された。
　懇談会は、自治立法権の逸脱論に対して、地方分権改革に伴う一連の法整備によって、自治体の条例制定権の自由度は拡大し、むしろ奨励されてきたことや、過去には老人医療費無料化等多数の施策で自治体が国の施策を先導してきた事例について指摘した。
　また、焦点のひとつでもあった最低賃金法と公契約条例に定める労働報酬下限額との関係については、尾立源幸参議院議員（当時）から提出された「最低賃金法と公契約条例の関係に関する質問主意書」（2009年2月24日）に対して、当時の麻生内閣が閣議決定答弁書で、「（公契約条例において）最低賃金法に規定する地域別最低賃金において定める最低賃金額を上回る賃金を労働者に支払わなくてはならないこととすることは、（最低賃金法上）問題となるものではない」としたことで、議論は概ね整理された。
　条例と既存の法令との関係をめぐっては、国立国会図書館「調査と情報第731号」（2011年12月15日）に憲法、最低賃金法、地方自治法等との関係を吟味、検討した論考がある。

4 労働報酬下限額の提示をめぐって

委員会・部会の意思が踏みにじられる

　2015年12月28日、区長からの諮問にこたえる委員会と部会の中間報告（中間的答申）が出された。この中間報告は、区が定めるべき労働報酬下限額と入札制度改革を併せて提起したものであった。しかし、区は、中間報告で示された労働報酬下限額のうち委託に関わって値切り（報告では1,093円とあるものを950円に減額）を行ったのみならず、入札制度改革の具体化も先送りとし、条例に基づく委員会・部会の答申内容を尊重しない判断を示した。しかも、区はその経緯について委員会・部会に事前に説明することもなく、区議会に決定内容を報告した。これは、区長と委員会との信頼関係からみても看過できない問題点をはらんでいた。

　区の決定は、2016年4月1日告示、適用は7月1日以降の契約締結分からとされた。工事請負や委託等の契約は、当然のことながら財政支出を必要とすることから、遅くとも前年の夏の終わりから策定・編成される事業計画や予算編成に伴って準備されるのが通常であり、そもそも、契約締結は年度当初に大半が集中することから、新年度が始まってからの告示や年度中途からの契約締結というのは適用を事実上1年先送りする意味をもつと受けとめられる効果をもたらした。因みに、2019年度の労働報酬下限額改定は2018年12月18日に区議会等に報告され、2019年3月27日に告示され、同年4月1日適用開始とされた。

　委託契約や指定管理者等の契約に関して中間報告が提起した1,093円は、区の高卒1年目の行政職初任給を時給換算して算出した金額であり、官製ワーキング・プアラインの目安である年収200万円が、日本の平均的な労働者の所定労働時間（月150時間、年間所定労働

時間 1,800 時間）から算出すると時給は少なくとも 1,111 円（当時）となることに照らせば、これをも下回るものであった。官製ワーキング・プアの解消に向けた条例の運用が、事実上、無視されたことは極めて不可解なものといえる。さらに、不十分な労働報酬下限額を先行させる一方、事業者の積年の課題でもある「適正な予定価格」や「最低制限価格制度の改善」を含む入札制度改革を先送りする区の決定は、労働者と事業者を離間させるのではないのかとの懸念も生んだ。

区の判断・決定の見直しを求める取組み

　条例に謳われた「適正な労働条件の確保」と「経営環境の改善」を通して「区内産業の振興及び地域経済の活性化並びに区民の生活の安全安心及び福祉の増進」を豊かに実現させる方向を探るべく、2016 年 4 月 15 日、8 回目となるシンポジウムが開催された。

　懇談会は、区に対して要望事項を次年度の区予算に反映させるべく、連合世田谷地区協との共同で、同年 8 月 2 日、副区長あてに要請を行った。また、懇談会は、2016 年度の轍を踏むまいと精力的に区や区議会に対する働きかけを行った。

　8 月 31 日に確定した委員会答申書並びに部会報告書は、9 月 20 日の区議会に報告され、区から、「来年度予算に間に合うように進めていく」旨の表明があった。10 月 18 日の第 3 回定例区議会最終本会議の冒頭、条例に関わる決算特別委員会審議で、「設計・積算の分離」、「条例専管組織の設置」が要望されたことが明らかとなった。決算認定に関わる議会においては、「委託に係る労働報酬下限額の早い段階での引き上げを」（民進・社民：当時）、「公契約条例運用改善を」（共産）等の意見表明があった。

　2017 年度予算編成作業も大詰めを迎えた 2016 年 12 月 19 日の区議会で、区側から、「条例に基づく入札制度改革及び労働報酬下限額

の改定について」が報告された。労働報酬下限額については、工事請負契約に関わっては、「技能熟練者については東京都公共工事設計労務単価の85％、見習い・手元等の労働者等については東京都公共工事設計労務単価の軽作業員比70％」に、委託等工事請負契約以外の契約に関わっては、現行の「950円を1,020円」とすることが示され、いずれも委員会・部会の意思を尊重したものとなった。12月下旬に委託の労働報酬下限額が告示され、事業者や労働者に周知すること、また、工事の労働報酬下限額は年明けの2月上旬に告示し、いずれも2017年4月1日適用とすることも報告された。次年度の契約締結に間に合うように設定され、実効性が確保された。

　区議会では、「やっと1,020円、評価したい。働いている人に届くよう中抜きなどないように」（民進：当時）、「現場アンケートによれば、条例自体を知らないという声や設計労務単価と実際の報酬との乖離が大きい実態もある。現場や労働者に周知することや、チェックが求められる。専管の部署など体制も整えるべき」（共産）、「適正な予定価格の精査なくして下限額を守らせることはできない。価格のみではなく、地域貢献とか総合評価の見直しなど入札制度改革を」（公明）等の見解表明が行われた。

　質疑の中で、区側から、チェックシート（労働条件確認帳票）の見直し、条例適用を知らせるポスターの配布、労働報酬下限額のPR等の条例運用改善に向けた積極的な考え方が示された。また、入札制度改革と労働報酬下限額は車の両輪と認識し、設計・積算の外部によるチェックなど予定価格の適正化をめざすことや、区予算案内示に併せて、公契約担当係長を新設する考えも示された。

　世田谷区における条例づくりが、過度な競争によるダンピングのもと、事業者のみならず従事労働者に多大な犠牲をもたらしているという認識から、「官製ワーキング・プアをなくす！」という問題

意識を持って進められてきたこともあり、業務委託一般のみならず、自治体非正規にも波及させるべきとの立場で、区や区の外郭団体等の臨時職員や保護的就労に就いている障がい者にも適用させ、そのことで区の非常勤職員等も併せて報酬を引き上げる状況をつくりだした。

2017 年度予算での前進を検証する

前述の 2017 年度に向けた答申書では、条例の適正な運用を通して条例目的を実現するため、適正な労働条件等の確保（適正な労働報酬下限額の設定と法定福利費の確保等）、入札制度改革（設計と積算の分離や適正な予定価格の算出等）、（条例の啓蒙・検証・評価・改善など一元的に行う）専属組織の設置、（条例周知・説明のための）広報や制度説明、（他自治体条例と異なり）不利益取り扱いを設けていない趣旨に鑑み、条例運用や労働条件確認帳票のチェック体制強化等を提起している。いわば、契約自由の原則を基礎に置きつつも、労働条件と事業者の適正な利益を共に確保し、地方自治法の本来の目的でもある「住民の福祉の増進を図る」ために関係者の自主性と行政の責任を求めているといえる。

そのうえで、委託に係る労働報酬下限額について、「区の臨時職員の 1 時間あたりの時間単価ではなく、区職員のうち高卒で就労した者の初任給を時間換算した金額から算出すること」、「（当該金額を）下限額とすべきであり、社会経済情勢等をみながら速やかに引き上げていくべきこと」を求め、部会報告書において、「1,105.6 円」と算出の根拠を提示した。そして、財政への影響の配慮から 2 年をかけて実現する観点から、2017 年度においては労働報酬下限額を 1,020 円とすることを求めていた。さらに、「条例適用事業であることの明示」、「条例適用に伴う実施状況に関する問い合わせ、説明、申し立て、苦情、違反等に関する受け入れ先を設け、周知させて報告体制

をとる」、「条例適用の事実把握のため、抜き取り調査・監査、事業者及び労働者調査と報告」等を列挙し、条例の実効性を確保するよう求めている。

　アベノミクスが吹聴されながら、一部の大企業や富裕層は別として、中小企業や勤労住民のくらしと雇用、生業は長らくデフレスパイラルのもとに置かれ、さらに社会保障や労働法制の改悪が追い打ちをかけてきた。この間、「地域の活性化で企業も労働者も元気に」をテーマとして、全労連、東京地評、全商連、中同協等の共同で数次にわたる「中小企業を元気に！シンポジウム」が開催され、持続可能な地域循環型経済の再生が模索されてきた。世田谷区においても、「世田谷区産業ビジョン懇話会」の場で、従前の区産業ビジョン、同産業振興計画の見直しが進められてきた。2016年2月16日には、建設業意見交換会も開催された。

　従来の区産業振興策においては、「区内の建設業は1,800事業所、15,000人を擁する重要な産業分野でありながら、商業、農業、工業に比べて位置づけや役割が明示されていない」という問題意識から、「建設産業を地場産業と位置付け、（10年ぶりに策定される）世田谷区産業ビジョンと同産業振興計画に地域建設産業の位置づけを明確にする」ことを求める請願が出され、2016年12月19日の区議会で審議された。「区内事業者が潤うことは区政の発展にもつながる。しっかりと考えていかなければ。若手育成を一緒に考えたい」（自民）、「今まで（位置づけが）なかったことが不思議。産業ビジョンに位置付けて区内産業を支えることが区政にとっても益」（公明）等の見解が表明され、「区内の防災、耐震補強の促進」（生活者ネット）を進める上でも、顔の見える事業者である地元建設産業を含めたバランスのとれた産業の発展を求める声が各会派から異口同音に表明された。この請願は、全会派のほぼ一致した賛同で採択された。

第3回「中小企業を元気に！シンポジウム」(2016年11月6日)において特別報告に立った保坂区長は、「(人材確保支援事業や公契約条例など)行政と事業者との協力・共同で地域経済の振興をはかる」意思を表明した。
　区議会でも紹介された建設工事に係る現場労働者調査(懇談会で実施)によれば、条例については、「知っている：4％」、「聞いたことはある：38％」に対して、「条例自体聞いたことがない：58％」にのぼるなど、条例制定の事実やその内容について周知徹底を図る必要性があらためて浮き彫りとなった。
　2017年1月19日の東京土建世田谷支部の新年旗開きの席上、来賓として挨拶した区長は、労働報酬下限額設定の意義として、「発注者として、受注者に遵守を求める以上、自らが雇用する臨時・非常勤職員等に対しても(その処遇改善に関して)波及させる必要」に言及した。これが前述の区の臨時・非常勤職員の報酬引き上げにもつながった。これに先立つ1月10日の区長の年頭記者会見でも「公契約の適正な履行と区内産業の振興及び地域経済の活性化を目指して、公契約条例を施行している。附属機関の公契約適正化委員会と労働報酬専門部会を設置し、(当該委員会等に)区内産業の振興や地域経済の活性化を図るための入札制度改革、公契約の適正な履行を確保するために必要な施策について諮問したところ、答申が出された」、「(答申を受け)今後の経済状況や賃金水準の動向、区の財政状況や給与体系及び他区市の状況なども考慮し、労働報酬下限額を改定した」、「国では2016年6月の閣議決定により最低賃金を年率3％程度引き上げ、全国加重平均が1,000円となることを目指しているが、区はこれを上回る1,020円を労働報酬下限額として設定した。今後も、公契約における適正な入札等の実施と、労働者の適正な労働条件の確保を、車の両輪にして進めていきたい」旨表明があった。

5　運用の改善をめざす取組み

さらなる運用の改善を期す

その後、懇談会には、あらたに「最低賃金1,500円！」を目指す「市民運動・エキタス」が加わった。2017年9月15日、2018年度予算編成を控えた部会（8月7日開催）の審議状況と労働報酬下限額に関する報告書をめぐって、認識の共有化を図った。

懸案であった条例の周知について、9月1日付けで区のホームページにポスターの掲出が開始された。しかし、内容が不十分であることから、ポスターを増やすことや現場に条例適用マークを貼ること、従事労働者に説明文を配布すること、そして、契約書に条例適用の旨を記載することや区の職員に対する周知を図るための研修など、区の発注者責任を求めていくこと等が確認された。

また、建築工事に比べて、実態が不明瞭な業務委託に関して、委託の現場を検分することを区に申し入れることも確認された。2016年度答申書を受けた入札制度改革についても、区にその後の状況を検証することもあらためて確認された。

2017年度答申書に関わる委員会（10月16日）では、部会からの労働報酬下限額に関する報告の確認と区長への提出について議論された。労働報酬下限額に関して、「建設工事については東京都公共工事設計労務単価各職の85％（未熟練工等については東京都公共工事設計労務単価における軽作業員の70％）、業務委託等については現行から30円アップ（2.94％アップ）の1,050円とする」ことが示され

た。また、サンプリング方式による実施状況の確認を行うことを区に求める考えが提起された。これに対して、区側からは、「(労働報酬下限額について)確実に区長に伝えてトータルで総合的に判断し決めていく」、「(「実施状況の確認」について)現在検討を進めており、新年度は(実施のため)何とか予算化したい。サンプリング調査は社会保険労務士の協力を得ながら実施したい」等のコメントが示された。さらに、委員会では、労働条件確認帳票の運用改善が話題となった。そこでは、「(元請けは)施工管理はするが下請けの報酬等に関しては把握できない」という問題をめぐって、「施工体制台帳、労働者名簿等により、元請けがどの工種を下請けのどこに発注するのか一覧表にすれば、一番低い人の報酬はいくらかを確認することは可能」との発言が出された。このやり取りの中で区側から、「元請けとの契約が公契約であり、その元請けと下請けとの契約は『民・民の契約』になるので、条例でそこまで網掛けは厳しい」とのコメントが出された。これに対して、「品質確保法によれば、(重層下請けの構造においては)下まで確認することが発注者である行政の側の責任といえる」、「社会保険未加入対策では、元請けが下請けをチェックする責任を問われる。公契約において、労働報酬下限額が定められている場合、元請けが下請けを指導・チェックする責任があるのではないのか」との議論が展開された。こうした議論を踏まえて、区側から、「国の動きもあるので、事業者の負担も考えながら、検討していきたい」旨表明があった。

　因みに、総務省自治行政局と国土交通省土地・建設産業局の両局長連名で出された「公共工事の円滑な施工確保について」(2014年2月7日)において、「予定価格の適切な設定について…最新の労務単価、資材等の実勢価格を適切に反映させること」、「低入札価格調査基準及び最低制限価格の見直しについて…算定方式の改定等により

適切に見直すこと」、「地域の建設業者の受注機会の確保について…中小業者の受注の確保に関する法律に基づく『国等の契約の方針』(2013年6月25日閣議決定)(により)極力分離・分割して発注を行う」、「就労環境の改善について…発注者から元請企業、下請企業を通じて建設労働者に至るまで適切に支払いが行われることが重要」、「法定福利費の額が予定価格に適切に反映されるよう…建設労働者にとって最低限の福利厚生であり法令上の義務である社会保険等への加入促進を図ること」等を発注者責任として求める通知を発している。その後、総務省自治行政局行政課長と国土交通省土地・建設産業局建設業課長の両課長連名による「建設業法等の一部を改正する法律の一部及び公共工事の品質確保の促進に関する法律の一部を改正する法律の施行について」(2014年6月4日)でも、「下請契約における請負代金の適切な設定および適切な代金の支払い等の元請下請取引の一層の適正化」、「公共工事を受注した建設業者が下請契約を締結するときは、その金額にかかわらず、施工体制台帳を作成し、その写しを発注者に提出する」、また、国土交通省土地・建設産業局建設市場整備課長名での「社会保険の加入に関する下請指導ガイドラインの改定等について」(2016年7月28日)でも、「法定福利費相当額を内訳明示した見積書の提出の徹底」、「法定福利費の確保など社会保険等への加入徹底」等の通知をそれぞれ発している。

　懇談会では、労働報酬下限額をめぐっては、「どういう金額か」という水準の是非ではなく、委員会や部会において合意が得られた労働報酬下限額について「どう実効性を担保するのか」に議論の中心点が移行していることが確認された。また、区及びその関連事業所を就労場所とする臨時・非常勤職員等を募集する際、条例の労働報酬下限額を尊重・遵守させることの必要性も議論された。

　さらに、「最低賃金1,500円！」を目指して段階的に報酬を引き上

げていく戦略を組み立てる視点から、自治体非正規に関わって、専門的職種の労働報酬下限額の設定のさい、保育士、介護士、調理士、学童指導員等一定の資格・技能を有する職種の処遇改善を図ることで、当該労働者の雇用の定着と労働報酬下限額の相場形成を図っていくことの重要性や、区として、関係法令、条例の趣旨やその扱いについて研修・周知を行わせること、条例の解釈・運用に関しては、委員会の権限と役割に属する事項であることの確認を求めることも議論された。このこととの関連で、労働条件確認帳票等によって条例に違背する事案が発見された場合、具体的措置を講ずる道筋を制度化することの必要性についても強調された。

　委員会や部会の運営の改善に関する懇談会の議論の土台に条例の規定があることは論を俟たない。条例では、「区の入札その他の公契約の手続きに関する基本的事項」や「公契約の適正な履行を確保するために必要となる施策」に関する事項を取扱う前提に、「条例の解釈及び運用に関すること」を「（委員会が）調査審議し、答申する」こと、すなわち、委員会が条例運用に関わる大きな権限と役割を担っていることを明確に規定している。この規定を根拠に、委員会や部会の運営とこれと連携する懇談会による区行政や区議会に対する働きかけも行われてきた。

委員会・部会の意思が再び踏みにじられた

　2017年12月18日、区議会に示された労働報酬下限額は、現行の「1,020円」に据え置かれた。委員会・部会が、目標値を「1,113円」としつつも「区財政歳出への影響等を考慮」して控えめに提示した労働報酬下限額（「1,050円」）を尊重しないものとなった。

　この間、区側からは、「（区長が）諮問をしなかったので答申を受けなかった」論がふりまかれ、委員会の場では労働報酬下限額引き上げに伴う財政負担の影響額や据え置きに至る調整経過の情報提供

もないまま、突如、報告という形で区の判断と決定が示されたことは、委員会等の意思を尊重せず、ひいては、条例そのものを蔑ろにしかねない事態となった。

区側は、据え置き理由として、「賃金体系のゆがみ」、「ふるさと納税等による減要素を抱える財政状況」、「昨年の70円引き上げが急激だった」等を挙げた。人事院や特別区人事委員会、区特別職報酬等審議会等が金額の多寡や増減にかかわらず、毎年、勧告あるいは答申を提出している事例にも倣って、諮問・答申のサイクルを確立することの必要性が確認された。今後、国の公共工事設計労務単価や最低賃金引上げ目安、東京都最低賃金や国、特別区等給与勧告、さらには、区特別職報酬等の改定状況等に関する情報提供や報告を委員会等の場に適時行うことの必要性についても区に指摘した。

懇談会は、労働報酬下限額の据え置きに至る経緯と根拠に関して2017年12月28日、区長宛て緊急要請・懇談を行い、区の説明責任を求めた。

条例運用のさらなる改善で地域経済活性化と住民福祉の増進を図る

懇談会は、2016答申（2016年8月）で提起された入札制度改革の具体化、実効性ある措置に関して、2017年5月の第9回公契約シンポジウムでも再確認された「労働報酬下限額とこれを可能とする適正な予定価格」の設定という両輪改革を前に進めることが求められていると考えた。

委員会としても、2016答申を発展させるべく引き続き調査・審議すること、そのためにも、国や他の自治体における入札・契約制度をめぐる動向とその論点に関する情報収集と提供を区側に求めることが必要とされた。また、条例自体の周知、条例適用現場であることを明示する方法の検討をさらに具体的に進めること、また、労働条件確認帳票の改善と条例に違背する事案について是正を求める具

体的措置を講ずる方策の検討を進めること、さらに、区側が行った「積算委託の報告」も踏まえ、適正な予定価格を導くための具体的な仕組みづくりの検討も求められるとした。

区の新しい産業ビジョンと産業振興計画が2018年4月からスタートした。2018年1月21日には「第4回中小企業を元気に！シンポジウム」が開催され、そこで区産業政策担当部長（その後「経済産業部長」と改称）はシンポジストのひとりとして、「企業と労働者だけではなく区民も元気になる産業振興が必要」と発言した。2018年5月29日には第10回目の公契約シンポジウムも開催された。予定価格に関わる積算精度を高める方策や業務委託等に関わっても、職種別下限額設定の必要性や、介護等国の制度の制約のもとでも総合事業に関わる自治体独自の報酬助成等の必要性が語られた。

「進化を続ける」条例運用改善の取組み

懇談会は、2019年度に向けて条例運用改善の取組みを強化し、区や区議会への働きかけと、委員会・部会との連携を模索してきた。2018年8月8日の第2回部会において、2018年度「据え置き」を踏まえ、委託等に係る労働報酬下限額1,020円を「1,070円」に引き上げることを含む意見書が確認された。意見書は、8月31日に区長に手交された。また、労働報酬下限額を設定する際の目標額の考え方：高卒初任給の時間給割り返し（1,128円）もあらためて確認された。さらに、「適切な人材確保の施策と合わせ、（委託等の分野でも）職種別、業種別賃金体系設定に向けた論議を始める」ことや、「発注者の予定価格、入札希望者の積算内容等を検討できる体制を整える」ことなどが提起された。

10月26日には第2回委員会が開催され、部会で確認された労働報酬下限額に係る意見書があらためて確認されるとともに、今後の条例運用改善に向けた「具申書」が提起された。また、社会保険労

務士会による労働条件確認帳票に係る事業所実態調査結果報告書が提示された。因みに、労働報酬下限額の引き上げには4億5,000万円の影響があるとの説明があった。

　第2回委員会では、「東京都の最低賃金が（いずれ）1,000円を超える」状況の下で、「世田谷に住んで、世田谷で働いてもらう、その生活をちゃんと保障できるような最低賃金にしようという観点から、どういう目安で今後考えていけばいいのか」が話題となり、従来は初任給の月例給の時間給割り返しとして賞与を除いてきたが、「次に目指すところは（賞与を含む）年収ベース」という議論が提起された。また、労働条件確認帳票に係る事業所実態調査結果報告書によって、労働時間が必ずしも正確に把握されていない事例が明らかとなったことを踏まえて、「出勤の管理と賃金台帳を連動」させ、「長時間労働の規制と週休2日制」につなげて、働きやすく経営も成り立つ事業環境を整備していくことの重要性も議論された。

　懇談会は、この間の経過を踏まえて、諮問と答申のサイクルを確立することや、区の財政状況を含む正確な情報の提供を求めること、さらに、委員会並びに部会の答申や意見書と区の判断・決定のプロセスとの緊密な連携が肝要であると考えている。区の財政状況を論じる場合にも、「世田谷区公契約条例の施行に伴い、…段階的に労働報酬下限額の改定を行い、委託料等について、全般的に増額の見直しを行って…施設の管理運営経費は増加しており、区が負担する割合が高くなっています」（区の広報誌：区のおしらせせたがや：2017年11月28日付）にみられるような労働報酬下限額引上げがもたらすコストの上昇という側面だけでなく、波及効果としての税収や保険料等収入の増など歳入面でのプラス効果の側面も検証することが必要と考える。

　2018年11月27日から開催された第4回定例区議会では、条例に

係る質疑が2会派から出されたが、労働条件確認帳票に「36協定」の締結に係る項目があることから、その内容を確認し、必要な労働条件改善に向けた働きかけを行う条件整備の必要性が議論となった。また、2019年度の労働報酬下限額に関して、区側から、「（委員会から）1,020円から1,070円に改定するという意見をいただいた」、「（前年度）据え置いたことを真摯に受け止めつつ、提出された意見書の内容を十分に尊重し、区の財政状況、区内の事業者や労働者の環境も踏まえ、事業者や区の予算、契約の事務にも支障を来さないよう、できるだけ早い時期に判断していく」との答弁があった。そして12月18日に開催された区議会常任委員会の場で、区側から、労働報酬下限額を意見書通り「1,070円」に引き上げ、2019年4月1日から適用するため所要の措置を講ずる旨の説明・報告があった。

　1で既述したように、区の条例は、第1条において、「適切な入札等を実施」、「労働者の適正な労働条件を確保」、「事業者の経営環境の改善」等を図り、「公契約に係る業務の質の確保、区内産業の振興及び地域経済の活性化並びに区民の生活の安全安心及び福祉の増進を図る」ことを謳っている。つまり、条例運用により、産業振興と住民福祉の増進を併せ実現すると謳っている。

　アベノミクスが喧伝される一方で、多くの区民や区内中小事業者のくらしと生業は引き続き厳しい状況におかれている。国政の暴走から住民のくらしと福祉、人権を守る自治体の存在意義があらためて問われる局面の中で公契約の分野で希望につながる動きが出てきたといえる。2019年1月21日、東京春闘共闘による区との「第15回自治体キャラバン」が行われ、東京土建、全印総連、区労連、地区労、公共一般等と区側との懇談が行われた。公契約の条例運用に関わっては、委員会や第4回定例区議会でも話題となった労働条件確認帳票をめぐって、区側からは社会保険労務士による調査の結果

浮かび上がってきた労働時間や施工体制台帳並びに賃金台帳の把握に関する問題について、「課題として認識し、実態調査のやり方の工夫を含めて今後検討を進めていきたい」、「強制力はないので要請し、気づきを与えつつ改善を図りたい」、「チェックシート（労働条件確認帳票）の情報を（契約担当課だけでなく）所管課契約を含めて共有しチェックを行い、受注者への啓発等を進めたい」、「経済産業部等産業振興部門の相談体制との連携も含めて受注者への対応を進めたい」、「委託等の『一括りの下限額』ではなく、シンポジウムや委員会でも話題となっている職種別下限額の検討をきちんとした形で進めたい」等の表明があった。

　2019年1月24日、区から公共一般労組に対して、区直雇用の臨時、非常勤職員等の賃金等引き上げに関して回答が出された。特別区職員の給与等が人事委員会勧告の取り扱いで据え置かれるという状況下ではあったが、公契約に係る労働報酬下限額が引き上げられることに伴い、2019年4月から、「臨時職員について50〜750円、一般非常勤である新BOP（子どもの遊び場と学童クラブの統合事業）指導員が2,700〜5,000円、保育業務・用務・調理が1,700〜2,200円、それぞれ引き上げられることになった。

　さまざまな逆流に遭いつつも、これを克服してきた経過に立って、区民のくらしと雇用、産業に希望と展望をもたらすため、懇談会として今後も粘り強く取り組んでいくことが求められている。条例の運用改善は、常に「進化を続ける」ことが期待されたテーマといえる。

第Ⅱ部資料
世田谷区公契約条例

世田谷区（以下「区」という。）は、区の調達に係る売買、賃借、請負その他の契約（指定管理者の業務に係る協定を含む。以下「公契約」という。）について、その時々の社会経済情勢を踏まえ、競争性、経済性、公平性、公正性、透明性、履行の質の確保などを目的として、必要な制度改革を行ってきた。

一方、公共調達における事業者間の競争は激しくなり、一部においては、採算を度外視した受注をせざるを得ない状況が見受けられ、事業者が置かれた厳しい経営環境の実態が浮彫りとなり、不安定な雇用によって低賃金労働者が出現するなど、労働者の労働条件が悪化している。

また、低賃金の常態化とともに、高齢化や若年層入職者の激減に伴う技能労働者の不足が顕在化しており、中長期的な視点に立てば、放置することができない課題となっており、技能労働者の処遇の改善と事業者の健全な経営環境の確保については、公共事業の品質確保のためにも直ちに取り組まなければならない状況にある。

区は、事業者の経営環境が改善され、適正な賃金の支払いなど労働者の労働条件が守られ、また、公共事業の品質が確保され、もって区民の福祉が増進されることを目指し、ここに世田谷区公契約条例を制定する。

（目的）

第1条　この条例は、公契約における基本方針を明らかにし、区長及び事業者等の責務並びに世田谷区公契約適正化委員会の設置について必要な事項を定めることにより、公契約において適正な入札等を実施し、公契約に係る業務に従事する労働者の適正な労働条件を確保し、及び事業者の経営環境の改善を図り、もって公契約に係る業務の質の確保、区内産業の振興及び地域経済の活性化並びに区民の生活の安全安心及び福祉の増進を図ることを目的とする。

（定義）

第2条　この条例において、次の各号に掲げる用語の意義は、それぞれ当該各号に定めるところによる。

(1)　事業者　区と公契約を締結して業務を受注した者又は受注しようとする者をいう。

(2)　下請負者　公契約に係る業務を受注した者から当該業務の一部を受注した者又は受注しよう

とする者をいう。
(3) 労働者　次に掲げる者をいう。
　ア　事業者又は下請負者に使用される者で、賃金を支払われる者
　イ　労働者派遣事業の適正な運営の確保及び派遣労働者の保護等に関する法律（昭和60年法律第88号）第2条第2号に規定する派遣労働者であって、区の業務に従事するもの
　ウ　一人親方（自らが提供する労務の対価を得るため、事業者又は下請負者との請負契約により公契約に係る業務に従事する者をいう。）
(4) 賃金　労働基準法（昭和22年法律第49号）第11条に規定する賃金をいう。

（基本方針）
第3条　区長は、次に掲げる基本方針に基づいて、公契約を締結し、及び履行するよう努めなければならない。
(1) 公契約の締結過程の全般において事業者間の公平かつ公正な競争が促進され、談合その他の不正行為が排除されるとともに、過当競争及びその波及が予防されるべきこと。
(2) 公契約の締結過程及び履行過程の全般において経済性及び透明性が確保されるべきこと。
(3) 物品調達、請負、役務の提供等の質及び適正な価格が確保されるために、正確な積算等着実な事業計画に基づき、公契約が締結されること。
(4) 公契約の履行過程において法令が遵守され、並びに公正な労働基準が確保され、及び向上されることにより、適正な労働条件が確保されるべきこと。
(5) 地域経済の活性化が促進されるために区内に事務所等を有する事業者等が受注することができる機会及び区内に住所を有する労働者が雇用される機会が確保されるとともに、区民の良好な生活環境の維持発展並びに防災及び減災対策が促進されるために公契約に係る業務が円滑に履行されるべきこと。

（区長の責務）
第4条　区長は、前条各号に掲げる基本方針を具体化するため、公契約の履行過程の全般における施策の総合的な推進に努めなければならない。
2　区長は、公契約の履行過程において、適正な労働条件が確保されるために必要となる施策を講じるよう努めなければならない。
3　区長は、前項の施策にあっては、

次に掲げる事項等を実施し、適正な労働条件が確保され、又は労働条件が改善されるよう努めなければならない。
(1) 第7条の労働報酬専門部会の意見を聴いて、予定価格が規則で定める額以上の公契約において事業者が労働者に支払う職種ごとの労働報酬の下限とすべき額（以下「労働報酬下限額」という。）を定め、これを事業者に示し、事業者が労働報酬下限額を遵守することにより、労働者に適正な賃金が支払われるようにすること。
(2) 予定価格が規則で定める額を超える公契約において賃金、労働時間、社会保険の加入の有無その他の労働条件が適正であることを確認するための帳票を作成し、及び事業者に配布し、並びに当該帳票の活用及び提出を求めるとともに、当該帳票を閲覧に供すること。
(3) 前号の規定により事業者が提出した帳票に基づき、必要に応じ、労働条件の改善に資する措置をとること。
4 区長は、地域の安全性を向上させ、区民の良好な生活環境を維持し、及び地域経済を活性化させるため、不断に入札制度改革を進め、区内に事務所等を有する事業者の育成及び経営環境の改善に努めなければならない。

（事業者等の責務）
第5条 事業者及び下請負者（以下この条において「事業者等」という。）は、社会的な責任を自覚して公契約を履行するよう努めなければならない。
2 事業者等は、前条第3項の規定により区長が実施する事項等に従い、公共事業の質を確保するとともに、労働者に適正な賃金を支払い、労働者の適正な労働条件を確保し、及びその向上を図るよう努めなければならない。
3 事業者等は、公契約に係る業務を第三者に発注するときは、法令等を遵守し、誠実に業務が実施されるよう適正な条件を付すよう努めなければならない。
4 事業者等は、障害者の雇用の促進等に関する法律（昭和35年法律第123号）により課される義務を履行するほか、同法第5条に規定する事業主の責務及び男女共同参画社会基本法（平成11年法律第78号）第10条に規定する国民の責務を積極的に果たすように努め、労働契約法（平成19年法律第128号）第3条第3項の規定に鑑み、労働者が仕事と生活の調和

を図ることができるようその配慮に努め、並びに子ども・若者育成支援推進法（平成21年法律第71号）の趣旨に鑑み、若者の雇用に積極的に取り組むように努めなければならない。

5　事業者は、地域経済の活性化を促進するため、下請負者及び労働者の選定にあたっては、区内に事務所を有する下請負者が受注することができる機会及び区内に住所を有する労働者が雇用される機会を講ずるよう努めなければならない。

6　事業者等は、区長が前条第3項第2号の規定により帳票の提出を求めたときは、これに応じるよう努めなければならない。

7　事業者等は、区長が前条第3項第3号の規定により措置をとるときは、これに応じるよう努めなければならない。

（世田谷区公契約適正化委員会）
第6条　公契約の履行過程の全般における適正を確保するため、区長の附属機関として世田谷区公契約適正化委員会（以下「委員会」という。）を置く。

2　委員会は、区長の諮問に応じ、次に掲げる事項を調査審議し、答申する。
(1)　この条例の解釈及び運用に関すること。
(2)　公契約の適正な履行を確保するために必要となる施策に関すること。
(3)　区の入札その他の公契約の手続に関する基本的事項に関すること。
(4)　前3号に掲げるもののほか、区の入札その他の公契約の手続における透明性及び公正性を確保するために区長が必要と認めること。

3　委員会は、次に掲げる者のうちから、区長が委嘱する委員10人以内をもって組織する。
(1)　学識経験者
(2)　事業者及び労働者団体の代表者
(3)　区内に住所、勤務先又は通学先を有する者
(4)　関係行政機関の職員

4　委員の任期は、2年とし、再任を妨げない。ただし、補欠委員の任期は、前任者の残任期間とする。

5　委員は、職務上知り得た秘密を漏らしてはならない。その職を退いた後も、同様とする。

6　前各項に定めるもののほか、委員会の組織及び運営に関し必要な事項は、規則で定める。

（労働報酬専門部会）
第7条　区長は、委員会に、労働報

酬下限額を審議させるため、労働報酬専門部会（以下この条において「部会」という。）を置く。
2　部会は、前条第3項の委員のうち、学識経験者並びに事業者及び労働団体の代表者から区長が指名した者をもって組織する。
3　区長は、部会の意見を直接聴くことができる。
4　前3項に定めるもののほか、部会の組織及び運営に関し必要な事項は、規則で定める。
（委任）
第8条　この条例の施行に関し必要な事項は、規則で定める。
　　附　則
この条例は、平成27年4月1日から施行する。

　　　　　　資料
世田谷区公契約条例施行規則

（趣旨）
第1条　この規則は、世田谷区公契約条例（平成26年9月世田谷区条例第27号。以下「条例」という。）の施行について必要な事項を定めるものとする。
（定義）
第2条　この規則において使用する用語の意義は、条例において使用する用語の例による。
（施策の周知）
第3条　区長は、条例第4条第1項の規定により同項の施策を推進し、及び同条第2項の規定により同項の施策を講じるときは、世田谷区広報その他の啓発事業によりこれらの施策の周知に努めなければならない。

（予定価格）
第4条　条例第4条第3項第1号及び第2号の予定価格は、長期継続契約にあっては当該契約の年額をいい、指定管理者の業務に係る協定にあっては当該協定の年額をいうものとする。
（労働報酬下限額を定める公契約の範囲等）
第5条　条例第4条第3項第1号の規則で定める額は、20,000,000円（工事の請負に係る契約にあっては、30,000,000円）とする。
2　条例第4条第3項第1号に規定する労働報酬下限額は、不動産の買入れ及び物件の借入れに係る契約以外の公契約について定めるものとする。

3　区長は、前項の規定により労働報酬下限額を定めたときは、これを告示しなければならない。
（帳票の提出を求める公契約の範囲等）
第6条　条例第4条第3項第2号の規則で定める額は、500,000円（指定管理者の業務に係る協定にあっては、零円）とする。
2　条例第4条第3項第2号に規定する帳票は、区長が締結し、又は財務部長、財務部経理課長若しくは教育委員会教育長が契約担当者（世田谷区契約事務規則（昭和39年3月世田谷区規則第4号）第2条第2項に規定する契約担当者をいう。）として締結する公契約（不動産の買入れ及び物件の借入れに係る契約を除く。）の相手方である事業者に配布するものとする。
3　区長は、条例第4条第3項第2号の規定により前項の事業者に同項の帳票の提出を求めるときは、同号の規定により当該帳票を閲覧に供する旨を当該事業者に通知するものとする。
4　区長は、労働者、区民等の求めがあったときは、条例第4条第3項第2号の規定により前項の帳票を財務部経理課又は教育委員会事務局教育総務課において閲覧に供するものとする。

（委員の内訳）
第7条　条例第6条第3項に規定する世田谷区公契約適正化委員会（以下「委員会」という。）の委員の内訳は、次のとおりとする。
(1)　学識経験者　4人以内
(2)　事業者及び労働者団体の代表者　4人以内
(3)　区内に住所、勤務先又は通学先を有する者　1人以内
(4)　関係行政機関の職員　1人以内
（会長及び副会長）
第8条　委員会に会長及び副会長各1人を置き、それぞれ委員の互選によりこれを定める。
2　会長は、委員会を代表し、会務を総理する。
3　副会長は、会長を補佐し、会長に事故があるとき、又は会長が欠けたときは、その職務を代理する。
4　会長及び副会長の双方に事故があるとき、又はその双方が欠けたときは、あらかじめ会長の指名する委員が会長の職務を代理する。
（招集）
第9条　委員会は、会長が招集する。
（会議）
第10条　委員会は、委員の3分の1以上が出席しなければ、会議を開くことができない。
2　委員会の議事は、出席した委員

の過半数をもって決し、可否同数のときは、会長の決するところによる。
（意見聴取等）
第11条　委員会は、専門的事項に関し学識経験のある者その他関係人の出席を求めて意見若しくは説明を聴き、又はこれらの者から必要な資料の提出を求めることができる。
（委員の除斥）
第12条　委員は、自己又は3親等以内の親族の利害に直接関係のある案件については、議事に加わることができない。
（労働報酬専門部会）
第13条　第8条から前条までの規定は、条例第7条第1項に規定する労働報酬専門部会について準用する。この場合において、第10条第1項中「3分の1」とあるのは、「2分の1」と読み替えるものとする。
（委任）
第14条　この規則の施行に関し必要な事項は、区長が別に定める。
　　　附　則
この規則は、平成27年4月1日から施行する。

第1号様式（第2条関係）（平成30年4月1日版様式）

提出日：　　年　　月　　日

世田谷区長あて

労働条件確認帳票（チェックシート）

世田谷区公契約条例第5条第6項に基づき本票を提出します。

提出者（受注者）	所在地 （ふりがな）	
	名　　称	
	代表者	㊞
	担当者 連絡先	

契約件名			
契約番号	世　　　　第　　　　号	労働報酬下限額適用の有無（※）	あり・なし

※労働報酬下限額の適用契約の場合、入札公告や契約書作成依頼等の際に区から告知されます。

1．提出者（受注者）の法人・個人等の区分（該当にチェック）
　□ 法人（株式会社・有限会社・合名会社・社団法人・NPO法人等）
　□ 個人事業主
　□ その他の団体（法人格を持たない任意団体等）

2．契約業務に従事する予定人数（法人の役員を除く）および下請負者の有無
　①契約業務に従事する従業員（正社員、パート・アルバイト等の合計）の人数：　　　人
　　⇒ 該当者がいる場合、下記「3」の確認結果を記載してください。また、②～④も記入してください。
　②契約業務に従事する下請負者の有無：　　　　　　　　　　　　　　　　　あり・なし
　　⇒ 下請負者がある場合、裏面「4」の確認結果を記載してください。
　③契約業務に従事する事業主及び同居親族の人数（個人事業主の場合のみ）：　　　人
　④その他、契約業務に従事する者（　　　　　　　）：　　　　　　　　　　　　　人
　※③④は該当がない場合は、「0」と記入してください。①②に該当がない場合は、以上で記入終了です。

3．契約業務に従事する従業員の労働条件及び労務管理状況に関する確認内容と確認結果
　（本件の契約業務に従業員（パート・アルバイト等を含む）が従事する場合のみ）

項目	確認内容	確認結果
労働条件の明示	従業員の採用に際し、雇用契約書等により労働基準法に定める労働条件等（労働時間、賃金など）を書面で明示している。	は　い・いいえ
就業規則	（常時10人以上の労働者を使用している場合のみ対象）就業規則を労働基準法の定めに基づき作成し、従業員に周知するとともに、労働基準監督署に届け出ている。	は　い・いいえ 対象外

（裏面に続く）

項目	確認内容	確認結果
36協定	36協定（時間外及び休日の労働に関する協定）を締結し、労働基準監督署に届け出ている。	はい・いいえ
労働時間管理	労働時間は、出勤簿又はタイムカード等で適正に管理している。	はい・いいえ
賃金支払	賃金は、毎月1回以上、決められた日に全額支払っている。	はい・いいえ
賃金	□労働報酬下限額が適用される契約の場合 　賃金は、世田谷区長が告示した労働報酬下限額以上の額に基づき支払う。 □労働報酬下限額が適用されない契約の場合 　賃金は、最低賃金以上の額に基づき支払う。（支払っている。）	はい・いいえ
技能労働者賃金	技能労働者に対する賃金は適正に支払う。（対象者がいる場合のみ対象） □労働報酬下限額が適用される契約の場合 　労働報酬下限額及び国が定める最新の公共工事設計労務単価を基準に支払う。 □労働報酬下限額が適用されない契約の場合 　国が定める最新の公共工事設計労務単価を基準に支払う。	はい・いいえ 対象外
従事者の賃金単価	従事者の1時間あたり賃金単価の最低額及びその職種 ※「賃金単価作成マニュアル」参照	＿＿＿円／時間 職種：＿＿＿
時間外割増賃金	時間外労働・休日労働・深夜労働について、適正に割増賃金を支払っている。	はい・いいえ
法定帳簿	労働者名簿、賃金台帳、出勤簿を作成し、適正に記入している。	はい・いいえ
労災保険	労働者災害補償保険に適正に加入している。	はい・いいえ
雇用保険	雇用保険に適正に加入している。	はい・いいえ
健康保険	健康保険に適正に加入している。	はい・いいえ
厚生年金	厚生年金に適正に加入している。	はい・いいえ
健康診断	常時使用する従業員に対し、年に1回以上定期健康診断を実施している。	はい・いいえ
衛生管理者産業医等	（常時50人以上の労働者を使用している場合のみ対象） 衛生管理者・産業医を適正に選任している。 また、該当業種（建設・運送。清掃業等）においては安全管理者を選任している。	はい・いいえ 対象外

4．下請負者への要請等（下請負者がある場合のみ）

項目	確認内容	確認結果
下請負者の労働条件	下請負者の従業員の適正な労働条件の確保について、下請負者に必要な要請などをおこなう。	はい・いいえ

5．上記確認結果に「いいえ」がある場合の理由・改善予定について

あとがき

　2018年7月公表の「自治体戦略2040構想研究会第2次報告」は、AI（人工知能）やビッグ・データ活用で「スマート自治体」への転換、公共私関係の"プラットフォーム・ビルダー自治体"を自治体戦略の活路と位置づけた。その推進力に革新技術の活用、効率的システム構築を据える。この基本は行政活動の標準化、AI・ロボティックス技術の活用であり、「スマート自治体」に対応すべき新システム構築が試みられている。これらの技術活用やシステム化は、標準化、ICT（情報通信技術）による行政サービスのモジュール化（変換可能な機能の集合体）を前提とする。

　技術やシステムはそれ自体として「悪」ではない。しかし、技術、システムの活用に向き合う私たちの対応には見逃せない弱点もある。技術やシステムを自動販売機の利・活用と同じように受入れる。そこには函数化技術で新技術の活用やシステム化が、手間暇を省き、投入・産出を安定し、費用対便益を効率化すると一面的に信じがちな性癖がある。この信心には函数化で労力、費用の効率化を生むという暗黙知が刷込まれているという土台がある。

　技術、システムの受容は非難すべき性癖でもない。ただ自治（特に地方自治）の拡大・発展、地域での協議や協働、人間関係の調整・深化は標準化や函数化しにくい領域である。逆に手間暇をかけ、労力・費用を投じて、潜在力が潜んでいる自治や行政に労力、資金・費用、組織力を注入し、自治と人間の生存条件の強化、総じて社会的共同資源の蓄積を図るべき領域がある。協働・共同領域の拡張こそ多様な将来を模索、設計できる。

　前世紀末から行政に業務の函数化の波が押し寄せている。しかしそこに修正を要する偏りが生まれる。とくに縮小再生産、つまり費

用削減一辺倒の"縮減型経済"への移行を効率向上だと錯覚する思潮がある。反面、社会に不可欠な協働・共同領域の育成・拡張を軽視する偏向がある。

だが効率、合理の追求だけでは済されない領域が多い地方自治では、行政組織や議会への"丸投げ"は、効率化が事業・サービスの縮減に直結してしまう。参加型民主主義に準ずれば、いまこそ参加型行政、参加型自治を拡げる活動が欠かせない分野がある。他人や他組織との関係をただ減らそうとすると手抜きが起きやすい。自分の関心事以外には無関心、放置、他力本願では処理できない事態に向きあう必要がある。

この点で公契約に関する論議とそれを前進させる地域の取組み、自治的活動は現在、多くの経験を積重ねてきている。その一例が世田谷区の公契約条例制定と運用である。制定後も条例運営への参加活動を通じて、地域社会の再活性化を目指している。本書ではこの経緯を解明し、"縮減型経済"を脱して一歩ずつ改善効果を生む取組みの経緯をまとめてみた。

共著者の中村重美氏と私は、世田谷区公契約条例制定の準備段階から制定、制定後の条例運用5年目の今日まで共に歩んできた。歩み始めから12年の歳月が経った。本書はこの世田谷区公契約条例の準備から運営までの歩みを基にしている。

世田谷区公契約条例では保坂展人区長はじめ、条例の検討、制定前後に関わった多くの区職員の方々、公契約適正化委員会委員また区議会各会派の議員の方々、東京土建一般労働組合世田谷支部、首都圏建設産業ユニオン世田谷支部、世田谷区職員労働組合、東京公務公共一般労働組合世田谷支部、世田谷地区労働組合協議会、世田谷区労働組合総連合、連合東京世田谷地区協議会、世田谷建設協会、世田谷睦水会（土木事業者団体）、世田谷電設工業会、世田谷ビル管

理協同組合など、公契約に係る多くの方々や組織との協議、討論と共同活動があり、その活動のなかから生れたのが本書である。これらの方々に紙上を借りて謝意を表したい。

　最後になるが、専修大学名誉教授の晴山一穂さんには尼崎市への意見書掲載を認めて頂き、条例一覧の作成には全国労働組合総連合の斎藤寛生さん、東京土建一般労働組合の村松佳代子さんなど、多くの方々のご援助を頂いた。本書は本来、1年前に出版する予定でスタートした。しかし私のもたもたで1年以上も遅れてしまった。編集に携わって根気強いご支援をいただいた深田悦子さん、寺山浩司さんの応援で初めて完成に漕ぎ着けることができた。ここに記して、感謝を申上げたい。

　　2019年6月　　　　　　　　　　　　　　　　　　　永山　利和

公契約条例対照表

No.	1	2	3	4
条例	野田市 公契約条例	川崎市 契約条例	多摩市 公契約条例	相模原市 公契約条例
制定	2009年 9月	2010年12月	2011年12月	2011年12月
施行	2010年 4月	2011年 4月	2012年 4月	2012年 4月
改正	毎年改正			2014年 9月
目的	公契約に係る業務に従事する労働者の適正な労働条件を確保することにより、当該業務の質の確保及び公契約の社会的な価値の向上を図り、もって市民が豊かで安心して暮らすことのできる地域社会を実現すること	市及び市の契約の相手方になろうとする者等の責務を明らかにし、契約に関する施策の基本方針を定め、並びにこれに基づく施策を実施することによって、市の事務又は事業の質を向上させるとともに、地域経済の健全な発展を図り、もって市民の福祉の増進に寄与すること	業務に従事する者の適正な労働条件等を確保し、もって労働者等の生活の安定を図り、公共工事及び公共サービスの質の向上に資するとともに、地域経済及び地域社会の活性化に寄与すること	公契約に係る基本方針を定めるとともに、市及び公契約の相手方となる者の責務を明らかにすることにより、安全かつ良質な事務及び事業の確保を図り、もって市民が安心して心豊かに暮らせる市民生活の実現に寄与すること
適用契約	・予定価格4千万円以上の工事、製造請負。 ・予定価格1千万円以上の業務委託契約 ・保健センター、急病センター清掃（1千万円未満） ・指定管理 ・水道事業への適用	・予定価格6億円以上の工事、製造請負 ・予定価格1千万円以上の業務委託のうち規則で定めるもの（清掃、警備、施設維持管理、電算処理、給食調理） ・指定出資法人、指定管理者	・予定価格5千万円以上の工事及び製造請負 ・予定価格1千万円以上の業務委託のうち市長が定める施設・公園管理運営、施設・下水道管清掃、送迎バス運行、子育て・高齢者・障がい者支援ほか ・指定管理協定のうち市長・市教委が必要と認めたもの	・予定価格1億円以上の工事請負契約 ・予定価格500万円以上の業務委託契約（警備、清掃、設備運転監視、案内業務） ・指定管理者、指定出資法人
対象者	従事する全ての雇用労働者、派遣労働者、請負労働者（一人親方）。家族の同居親族、家事使用人等除く	労基法9条の労働者と一人親方（個人事業主）	労基法9条の労働者（公契約業務への派遣労働者含む）と1人親方（個人事業主）	労基法9条の労働者と工事請負契約の下で働く1人親方（個人事業主）
地元発注				
の公賃共金工等事	公共工事設計労務単価日額÷8時間×85％（普通作業員2,115円）。時間外・休日・深夜割	公共工事設計労務単価の90％。普通作業員2,401円）	熟練労働者は、公共工事設計労務単価（東京）の90％（普通作業員2,273円）、熟練でな	公共工事設計労務単価の90％（普通作業員2,373円）、ただし、見習い労働者と年金受給

「公契約条例がひらく地域のしごと・くらし」巻末資料　173

5	6	7	8	No.
渋谷区 公契約条例	国分寺市 公共調達条例	厚木市 公契約条例	足立区 公契約条例	条例
2012年 8月	2012年12月	2012年12月	2013年 9月	制定
2013年 1月	2013年 4月	2013年 4月	2014年 4月	施行
2014年11月				改正
業務に従事する労働者等の適正な労働条件を確保することにより、公契約に係る事業の質の向上を図り、もって区民が安心して暮らすことができる地域社会の実現に寄与すること	市が…契約自由の原則の下で外部から多種多様なもの及びサービスを調達していることに鑑み、その調達の基本的なあり方を明確にすることにより、実施主体である市と調達の担い手である事業者がともに社会的責任を自覚し、もって市政及び地域社会の発展に寄与すること	公契約に係る基本方針を定めるとともに、市及び受注者の公契約の締結に伴う責務を明確にすること等により、当該業務に従事する労働者等の労働環境の整備並びに公契約に係る事務及び事業の質の向上を図り、もって地域経済の健全な発展に寄与すること	・公契約基本方針(良質な区民サービス、適正労働条件、区内業者育成、入札契約透明性、公正競争、不正排除)確立 ・公契約において果たすべき責務を確定 ・公正公平な入札契約制度確立し安全かつ良質な事務事業の執行確保により、地域経済活性化と区民福祉向上に寄与すること	目的
・予定価格1億円以上の工事請負契約、及び適正な賃金等の水準を確保するため、区長が特に必要と認める工事請負契約 ・適用対象に予定価格1千万円以上の業務委託契約、指定管理のうち区長が認めるもの	・予定価格9千万円以上の工事 ・1千万円以上の工事以外の業務で規則で定めるもの ・1千万円以上の指定管理者による公共施設管理	・予定価格1億円以上の工事請負。 ・1千万円以上の業務委託契約及び指定管理協定対象委託契約(市長が定めた契約:清掃、警備、駐車場管理、受付・案内、電話交換、給食調理)。 ・出資法人・財政支援法人も準じた取扱い努力義務	・予定価格1億8千万円以上の工事又は製造請負契約 ・予定価格9千万円以上の上記以外の請負契約のうち区長が別に定めるもの ・指定管理については区長が別に定めるところで準用	適用契約
労基法9条の労働者と請負契約で業務に従事する者(1人親方)	労基法9条労働者、派遣労働者、請負契約者(1人親方)	労基法9条の労働者と一人親方(個人事業主)	労基法9条の労働者(派遣労働者含む)と一人親方(個人事業主)	対象者
			地域経済活性化に寄与する事業者を適正に評価し、区内業者の育成を図る。区内事業者が積極的に競争に参加できる仕組みを作る	地元発注
公共工事設計労務単価を勘案して最低額を定める。熟練労働者向け90%(普通作業員2,374	公共工事設計労務単価を勘案して最低額を定める。熟練労働者は単価の90%(普通作業員	公共工事設計労務単価(所定労働時間8時間当たり)を8で除した金額の90%(端数切上	工事又は製造請負契約業務は区が積算に用いる公共工事設計労務単価を勘案して最低額を	公共工事等の賃金

No.	1	2	3	4
条例	野田市 公契約条例	川崎市 契約条例	多摩市 公契約条例	相模原市 公契約条例
公共工事等の賃金	増や経費を除く基本賃金・報酬の時間換算額。		い労働者は1,018円	調整労働者は1,029円
業務委託の賃金等	所定内賃金。賞与、時間外、通勤手当、家族手当含まず。施設の設備・機器運転、管理・保守は1,620円。電話交換、受付は1,000円。清掃、除草、給食調理、配膳は948円。給食配送1,039円。警備、駐車場は建築保全業務労務単価8割（警備1,200円）。事務員補助、計量業務948円	川崎市生活保護法第8条1項に定める基準。1,025円	多摩市生活保護基準19歳単身をもとに算定。1,018円	生活保護法第8条第1項に規定する厚生労働大臣の定める基準において本市に適用される額を勘案して最低額を決める 2019年度は1,029円
労働者への周知	適用範囲、基準賃金、違反の申出先。①作業場（現場）の見やすい場所への掲示、ファイル等備付け、②書面配付	適用範囲、基準賃金、申出先（受注者と市）を、事業場の見やすい場所に掲示するか書面交付	適用範囲、基準賃金、連帯責任、所定労働時間・休日、申出先（受注者と市）、不利益取扱禁止を見やすい場所に掲示か書面交付	適用範囲、報酬下限額、申出先、不利益取扱禁止を見やすい場所に掲示か書面交付
受注者の責任	受注者と下請会社、派遣会社の連帯責任で賃金下限額支払い義務、適正労働条件確保義務を負う。下請を使う場合は承認申請、再委託承認申請を市に出し承認を得る	下請負者（二次下請以下含）が最低額未満の報酬しか支払わなかった場合の受注者（元請）責任を規定	受注者と下請負者の連帯責任（二次下請以下含む。最低額未満の報酬しか支払わなかった場合、元請が責任を負う）	受注者と下請負者の連帯責任で賃金支払い義務を負う
下請と受注者の契約		下請負者の安定経営を考慮。建設業法、下請法を遵守。対等な立場で合意に基づく公正な契約を		
履行確認	最初は配置労働者報告書。その後、労働者支払賃金報告書、賃金台帳、給与支払い明細書、施行体系図、就業規則を契約後6週以内に提出（中期・完了期各1回提出）。支払い確認。運用チェックで事業者へ立ち入り調査	下請含む全労働者名簿（氏名、作業内容、報酬、労働契約等）記載の作業報酬台帳を3回提出。報酬額確認。労働者の申出や市が必要と判断したら立ち入り、書類検査、関係者への質問等調査	労務台帳（氏名、作業種類、時間、賃金、支払日等）を毎月提出。労働者の申出を受け、必要があれば市に履行状況調査実施義務。事業者は調査協力義務	労働状況台帳（氏名、作業種類、時間、賃金、支払日等）を3回提出。労働者の申立て権とそれに基づく立入調査権規定。市に履行状況調査実施義務あり。事業者は調査協力義務あり

5 渋谷区 公契約条例	6 国分寺市 公共調達条例	7 厚木市 公契約条例	8 足立区 公契約条例	No. 条例
円）。見習い、年金受給調整労働者は 1,019 円	2,374 円）	げ）、普通作業員 2,375 円	定める。普通作業員 2,273 円、見習い 1,030 円	の公賃共金工等事
職員の給与に関する条例第5条第1項第2号及び第11条の2第2項に定める額	当該業務の「標準的賃金」と認められる額（厚生労働省・賃金構造基本統計調査の職種別賃金の東京データを参考）を勘案して決める。機械保守点検1,016円、施設・設備管理、清掃、ごみ収集・運搬、駐車場管理等 1,005 円	地域別最低賃金額及びその他公的機関が定める労務単価の基準等を勘案して決める。審議会の答申は 1,016 円。	国土交通省・建築保全業務労務単価、生活保護法第8条第1項に規定する適用額、その他の公的機関が定める基準及び区に勤務する臨時職員の賃金単価等を勘案して最低額を決める。2019年度 910 円	業務委託の賃金等
適用範囲、報酬下限額、申出先、不利益取扱禁止を、見やすい場所に掲示か書面交付	適用範囲、報酬下限額、申出先、不利益取扱禁止を、見やすい場所に掲示か書面交付	適用範囲、報酬下限額、申出先、不利益取扱禁止を、業務が行われる作業場の見やすい場所に掲示か書面交付	条例適用契約であること、報酬下限額、申出先を作業所の見やすい場所に掲示、備付けまたは書面交付	労働者への周知
受注責任の自覚。法令遵守。適正な労働条件確保、労働環境整備の努力義務 受注者は下請負者との連帯責任での賃金支払い義務	受注者と下請負者の連帯責任で賃金支払い義務を負う	・社会的責任の自覚、公契約の適正履行 ・労働環境整備に努める ・受注関係者との契約には関係法令の遵守 ・公契約に係る施策への協力	・社会的責任の自覚、法令遵守。区の施策への協力義務。適正な労働条件確保、労働環境整備の努力義務。下請負者との賃金支払い連帯責任。	受注者の責任
	下請負・再委託を行なう場合の報告義務（相手先、下請負・再委託額、変更の報告）	受注者は受注関係者との契約で基準を下回らない労働対価支払、労働者の申告の不利益取扱禁止、市の調査権等を定める		受注者と下請との契約
氏名、作業種類、時間、賃金、支払日等の賃金台帳の写し提出。市には必要な報告、資料提出を求め、事業場への立入り調査の権限あり	氏名、作業種類、時間、賃金、支払日等の支払賃金報告書と賃金台帳の写し提出。市に履行状況調査実施義務あり。事業者は調査協力義務あり	・氏名、業種、労働時間等の台帳を労働対価支払後作成し写しを提出 ・労働者の申立や遵守確認の必要があれば受注者に対する報告・資料提出、立入調査権あり	・氏名、職種、労働時間、賃金、支払日等の労働状況台帳を作成・保管・管理・提出。区は指定期日に提出させる ・労働者の申立や遵守確認の必要があれば受注者に対する報告・書類検査、立入検査権あり	履行確認

「公契約条例がひらく地域のしごと・くらし」巻末資料　175

No.	1	2	3	4
条例	野田市 公契約条例	川崎市 契約条例	多摩市 公契約条例	相模原市 公契約条例
違反対応	是正命令。従わない場合、契約解除も。報告拒否すれば事業者名公表。契約解除の場合、市は損害賠償（契約額10%）請求と違約金徴収できる	是正措置要求。調査拒否や虚偽証言、正当な理由なく改善を行なわない場合、市は契約解除、公表、指名停止等	違反には是正命令。命令無視、報告拒否、虚偽報告には契約解除、社名公表	違反には是正命令。命令無視、報告拒否、虚偽報告には契約解除、社名公表
審議会	公契約審議会6名（労働者・事業者・学識経験者）。任期2年	市長は、作業報酬下限額を定める際には川崎市作業報酬審議会（市・事業者・労働者代表の三者構成5人以内）の意見聴取が必要	多摩市公契約審議会。5名（学識経験者・事業者・労働者）で賃金額等を審議し市長に答申。任期2年	相模原市労働報酬等審議会（6人）を市長の附属機関として設置
通報者保護	申出をしたことを理由に解雇その他不利益な取扱いを受けない	対象労働者が申出をしたことを理由として、当該対象労働者に対して、解雇、請負契約の解除その他不利益な取扱いをしてはならない	申し出をしたことを理由として、解雇、請負契約の解除その他不利益な取り扱いをしないこと	受注者は、対象労働者から申出があった場合は、誠実に対応するとともに、当該対象労働者が当該申出をしたことを理由に、解雇、請負契約の解除その他不利益な取扱いをしてはならない
その他の特徴	雇用安定措置のため、①長期継続契約可能、②受注者には当該業務従事の労働者を継続雇用する努力義務あり	長期継続契約（原則5年例外有）可能。①業務習熟に一定期間が必要、②契約相手の初期投資の回収に複数年必要かつ市に有利、③複数年契約でなければ安定した役務提供を受けられない等	継続雇用の努力義務（「特段の事情がない限り、継続雇用するよう努めること」）	

5	6	7	8	No.
渋谷区 公契約条例	国分寺市 公共調達条例	厚木市 公契約条例	足立区 公契約条例	条例
違反への是正命令。是正報告義務。受注者が従わない、虚偽申告等の場合、区は契約解除、公表、損害賠償請求、違約金請求ができる。受注者側の損害賠償には応じない	是正指導・勧告。評価点下げ。指名停止、契約解除、公表。違反による契約解除の際、市は受注者に損害賠償請求できる	市からの是正要求に対し、受注者は実施・報告義務あり。不是正、調査拒否、虚偽申告等の場合、市は契約解除、指定取消、業務停止を命じることができ、受注者側の損害賠償には応じない	是正命令。是正措置と報告義務。立入拒否、不是正、虚偽報告の場合は契約解除。指名停止も	違反対応
渋谷区労働報酬審議会。労使代表と識者7人以内	公共調達委員会。労使代表と学識者5人。報酬以外の罰則の適用等についても審議する	厚木市労働報酬審議会。労使及び学識者6人以内。任期2年	・足立区公契約審議会。学識者3人で入札契約、条例運用状況について調査審議。 ・足立区労働報酬審議会。事業者、労働者、学識者6人以内。報酬下限額を調査審議。任期2年	審議会
受注者等は、労働者等から規定による申出があった場合は、誠実に対応するとともに、当該労働者等が当該申出をしたことを理由に、解雇、請負契約の解除その他不利益な取扱いをしてはならない	申出をした労働者を使用する受注者又は下請負者等は、当該申出をしたことを理由として、当該労働者に対して解雇その他の不利益な取扱いをしてはならない	受注者は、対象労働者が申出をしたことを理由とした解雇、請負契約の解除その他不利益な取扱いを受けないようにしなければならない	受注者及び受注関係者は、前条の規定による申出があった場合は、誠実に対応するとともに、当該労働者等が当該申出をしたことを理由に、解雇、請負契約の解除その他不利益な取扱いをしてはならない	通報者保護
	・調達品価格の適正担保。市は通常価格を著しく低下させないよう留意。提示価格が著しく低いときは価格調査実施 ・障害者、高齢者その他就労困難者の雇用促進とともに子育て支援、男女平等を実現する方策を推進。社会的価値の向上に努める		・区の責務明記（公契約の総合的施策。区内事業者が積極的に参加できる仕組。工事成績評価制度による安全と品質確保。労働条件・労働環境整備を契約相手に要請）。地域経済活性化に寄与する事業者を適正に評価し区内業者の育成図る	その他の特徴

No.	9	10	11	12
条例	直方市 公契約条例	千代田区 公契約条例	三木市 公契約条例	草加市 公契約基本条例
制定	2013年12月	2013年12月	2014年3月	2014年8月
施行	2014年4月	2014年10月	2014年7月	2015年4月
改正				
目的	市が締結する公契約等に基づく業務及び市が指定管理者に行わせる公の施設の管理業務において、当該業務に従事する者の適正な労働条件等を確保し、もって労働者等の生活の安定を図り、公共工事及び公共サービスの質の向上に資するとともに、地域経済及び地域社会の活性化に寄与すること	当該業務に従事する者の適正な労働環境を確保し、もって社会経済の健全な維持発展並びに公共工事及び公共サービスの質の確保及び向上に資する	市及び受注者の公契約の締結に伴う責務を明確にすること等により、当該業務に従事する労働者等の労働環境の整備並びに公契約に係る事務及び事業の質の向上を図り、もって地域経済の健全な発展に寄与すること	市及び事業者等の責務並びに双方対等な立場において締結する公契約の基本的なあり方を明らかにすることにより、市民サービスの質を向上させるとともに、地域経済の健全な発展及び市民の福祉の増進を図り、もって地域の豊かさを創出する
適用契約	・予定価格5千万円以上の工事・製造請負契約 ・1千万円以上の委託業務契約のうち市長が別に定めるもの ・1千万円以上の指定管理協定のうち市長または教育委員会が必要と認めたもの ・市長が特別に必要と認めたもの	・予定価格1億5千万円以上の工事 ・予定価格3千万円以上の契約のうち施設管理、給食調理、警備・車両運行、清掃業務、廃棄物資源回収、窓口・管理業務 ・すべての指定管理協定	・予定価格5千万円以上の工事の請負契約 ・予定価格1千万円以上の業務委託契約 ・予定価格1千万円以上の指定管理	・予定価格1億5千万円以上の工事又は製造の請負 ・予定価格1千万円以上の業務委託 ・その他の契約及び地方自治法第244条の2第3項に規定する指定管理者と締結する協定
対象者	労基法9条の労働者（派遣労働者含む）と一人親方（個人事業主）	下請負者、労働者派遣事業者、公契約に係る業務に従事するもの（下請及び派遣によるものを含む）	労基法9条の労働者と業務請負者	労働基準法第9条に規定する労働者（同居親族・家事使用人を除く）、個人事業主、一人親方
地元発注	地域経済及び地域社会の活性化に寄与すること		地域経済の健全な発展に寄与すること	市長等は、予算の適正かつ効率的な執行に留意しつつ、地域経済の健全な発展に配慮し、市内業者の受注機会を確保するものとする 事業者等は、下請負者を選定するとき、又は資材等を調達するときは、地域経済の健全な

No.	13	14	15	16
条例	世田谷区 公契約条例	高知市 公共調達条例(改正)	我孫子市 公契約条例	加西市 公契約条例
制定	2014年 9月	2011年・理念	2015年 3月	2015年 3月
施行	2015年 4月	2015年10月	2015年 4月	2015年 9月
改正		2014年12月		
目的	公契約において適正な入札等を実施し、公契約に係る業務に従事する労働者の適正な労働条件を確保し、及び事業者の経営環境の改善を図り、もって公契約に係る業務の質の確保、区内産業の振興及び地域経済の活性化並びに区民の生活の安全安心及び福祉の増進を図ること	公共調達に係る基本理念等を定めることにより、公共調達の競争性、公平性、公正性及び透明性を高め、調達するものの品質、価格及び履行の適正を確保するとともに、労働者の適正な労働条件を確保する等の社会的価値の実現及び向上に配慮し、もって市民の福祉の向上及び地域経済の健全な発展に寄与する	市及び公契約の相手方が対等な立場と信頼関係の下に締結する公契約において果たすべき責務を定めるとともに、公契約に係る業務に従事する者の適正な労働条件等を確保することで労働者等の生活の安定並びに公共工事及び公共サービスの質の向上を図り、もって地域経済の活性化及び公共の福祉の増進に寄与する	市が締結する請負契約に基づく業務及び市が指定管理者に行わせる公の施設の管理業務において、当該業務に従事する者の適正な労働条件等を確保し、もって労働者等の生活の安定を図り、公共工事及び公共サービスの質の向上に資するとともに、地域経済及び地域社会の活性化に寄与すること
適用契約	・3千万円以上の公共工事の請負(普通作業員2,242円) ・2千万円以上の契約(1,076円)	・予定価格1億5千万円以上の工事請負契約 ・5百万円以上の業務委託契約、指定管理者	・予定価格1億円以上の工事または製造請負(普通作業員1,910円、見習いに手元等973円) ・予定価格が2千万円以上の工事及び製造以外の請負う契約のうち規則で定めるもの(898円)	・予定価格5千万円以上の工事請負契約 ・1千万円以上の業務委託契約のうち市長が定めるもの ・予定価格が1千万円以上の指定管理協定のうち、市長が必要と認めるもの
対象者	事業者又は下請負者に使用される者で、賃金を支払われる者、派遣労働者、一人親方	労基法9条の労働者、自らが提供する労務の対象を得るために請負契約により特定工事請負契約従事者	労基法9条に該当する労働者 労働者派遣法により派遣される者 受注者または下請負者として公契約に係る業務に従事する者	労基法9条に該当する労働者 労働者派遣法により派遣される者 受注者または下請負者として公契約に係る業務に従事する者
地元発注	地域経済の活性化が促進されるために区内に事務所等を有する事業者等が受注することができる機会及び区内に住所を有する労働者が雇用される機会が確保されるとともに、区民の良好な生活環境の維持発展並びに防災及び			

No.	9	10	11	12
条例	直方市 公契約条例	千代田区 公契約条例	三木市 公契約条例	草加市 公契約基本条例
地元発注				発展を考慮し、できる限り市内業者を活用するよう努めなければならない
公共工事等の賃金	工事又は製造請負契約業務は公共工事設計労務単価の80％に基づき定める1時間あたりの金額とする。普通作業員1,920円	・設計労務単価の85％以上 ・普通作業員2,295円	以下を勘案し決定・設計労務単価の85％程度（普及作業員2,130円） 見習いは910円	・公共工事設計労務単価の90％（普通作業員2,183円）
業務委託の賃金等	工事又は製造請負契約以外の契約に従事する労働者には、直方市行政職給料表1級5号給に定められた額：877円を下回らない額とする	・工事製造請負以外保全管理1,762円、保健師・看護師1,447円、栄養士1,407円、警備員1,305円、清掃1,094円、介護職1,085円、それ以外1,077円	・地域別最低賃金の最低賃金額 ・その他公的機関が定める労務単価の基準及び市職員の給料単価等 ・委託契約910円	業務委託、指定管理関係は正規の現業職員の初任給を勘案して決める（940円）
労働者への周知	条例適用契約であること、報酬下限額、申出先、不利益取扱禁止を作業員の見やすい場所に掲示し、または書面交付	業務が実施される場所の見やすい位置に掲示し、若しくは備え付け、又は書面を交付することによって従事者に周知しなければならない	市長等はこの条例の目的を達成するために必要な事項を定める	市および事業者等は、この条例の実効性を担保するため、この条例の目的等について労働者に周知するよう努めなければならない
受注者の責任	・労働条件に関する法令遵守（適正労働条件確保と労働環境整備、男女平等・共同参画、仕事と生活の調和の努力義務） ・下請負者との賃金支払い連帯責任	公契約の社会経済への影響及び業務の公共性を認識し、法令を遵守し、従事者の良好な労働環境の確保に努めなければならない	・受注者は、市の事務及び事業を実施する者としての社会的責任を自覚し、公契約を適正に履行する ・労働環境の整備 ・関係法令遵守と公契約事務の質の向上	・誠実履行義務 ・公契約協力義務 ・実効性を担保するため労働者へ公契約条例の目的について周知
受注者と下請との契約	地域経済・社会活性化のため市内に事業所等を有する受注関係者を下請負者及び資材等購入先とするよう努める			事業者等は、建設業法その他の関係法令を遵守し、適正な元請下請関係を構築するため、下請負者と各々の対等な立場における合意に基づいて公正な下請契約を締結するよう努めなければならない

No.	13	14	15	16
条例	世田谷区 公契約条例	高知市 公共調達条例（改正）	我孫子市 公契約条例	加西市 公契約条例
地元発注	減災対策が促進されるために公契約に係る業務が円滑に履行されるべき			
公共工事等の賃金	労働報酬専門部会の報告を受けて区が決定。設計労務単価の85%	設計労務単価を勘案して職種ごとに決める	公共工事設計労務単価を勘案して定める	公共工事設計労務単価を勘案して定める
業務委託の賃金等	労働報酬専門部会の報告により1,070円	生活保護法に規定する厚生労働大臣の定める基準において市に適用される額	我孫子市臨時的任用職員取扱要綱に定める事務補佐員に係る時間給の額及び最低賃金法に規定する地域別最低賃金額	一般職の職員の給与規定としない同種の労働者の賃金等を勘案して定める
労働者への周知	区長は、条例第4条第1項の規定により同項の施策を推進し、及び同条第2項の規定により同項の施策を講じるときは、世田谷区広報その他の啓発事業によりこれらの施策の周知に努めなければならない	受注者は、特定工事請負契約又は特定業務委託契約に係る作業が行われる作業場の見やすい場所に掲示することまたは当該事項を記載した書面を当該作業に従事する対象労働者に交付すること	掲示または書面交付 1. 適用範囲 2. 労務報酬下限額 3. 受注者の連帯責任 4. 労基法の定める所定労働時間と休日 5. 申出をする際の連絡先 6. 不利益扱いがないこと	公契約条例適用現場であることの掲示、労務報酬下限額、違反の申出の連絡先、不利益な取り扱いを受けない旨の記載を記したものを掲示するか配布する
受注者の責任	・労働者に適正な賃金を支払い、労働者の適正な労働条件を確保し、及びその向上 ・第三者への発注の際の法令遵守 ・障がい者雇用、男女共同参画、労契法など	対象労働者の氏名、従事する職種、従事した時間、労働報酬の額及び支払われるべき日その他規則等で定める事項を記載した台帳の整備・配置		法令遵守 報告及び立入検査に対する応諾義務 賠償義務、違約金
受注者と下請との契約	事業者等は、公契約に係る業務を第三者に発注するときは、法令等を遵守し、誠実に業務が実施されるよう適正な条件を付すよう努めなければならない			

No.	9	10	11	12
条例	直方市 公契約条例	千代田区 公契約条例	三木市 公契約条例	草加市 公契約基本条例
履行確認	氏名、職種、時間、賃金、支払日等の台帳整備。作業所に備え記載事項を市に報告。労働者の申立や遵守確認の必要があれば受注者に対する報告・書類検査、立入検査権あり	受注者は、賃金について下限額以上であること、従事者の社会保険の加入状況について区に報告しなければならない	事業者等は、適正かつ効率的な履行体制を確立させることにより、契約内容に適合した履行を確保し、事業の質の向上に努めなければならない	事業者等は、適正かつ効率的な履行体制を確立させることにより、契約内容に適合した履行を確保し、事業の質の向上に努めなければならない
違反対応	是正命令。是正措置と報告義務。不是正や虚偽報告の場合は契約解除。違約金。その際の受注者の損害賠償に市は応じず。市が受けた損害について受注者に賠償責任あり	受注者には、是正要求、契約解除、損害賠償に応じる責任が生じる	調査、是正要求、違約金の徴収、契約の解除、指定の取消又は指定業務停止措置	市長等は、事業者に対し、労働環境の確認を行なうため、必要な報告を求めることができる 改善措置を講ずるよう求めることができる
審議会	直方市公契約審議会。事業者、労働者及び学識経験5人以内。任期3年 条例に係る重要事項について、市長の諮問に応じ調査審議する	公契約審議会は6人以内の委員で構成し、事業者、労働者及び学識経験者の中から区長が委嘱する 委員の任期は、委嘱の日から2年	三木市労働報酬審議会は、委員6人以内をもって組織する。委員は、事業者、労働者、学識経験者その他市長が適当と認める者のうちから市長が委嘱。委員の任期は2年	草加市公契約審議会は、委員6人以内をもって組織し、事業者、労働者、学識経験者のうちから市長が委嘱。委員の任期は、2年。審議会は公開
通報者保護	受注者及び受注関係者は、申し出をしたことを理由として、その労働者等に対し、解雇、請負契約の解除その他の不利益な取り扱いをしてはならない	当該従事者が当該申出をしたことを理由に、解雇、下請負契約の解除その他の不利益な取扱いをしてはならない	申出をしたことを理由とした解雇、請負契約の解除その他不利益な取り扱いを受けない	
その他の特徴	・市の責務を明記（条例目的達成のため、施策を総合的に策定し実施する責務を有する） ・継続雇用の努力義務 ・発注関係者双方が遵守すべき法令として公共サービス基本法を明記	受注者等が従事者を雇用形態に応じ社会保険に加入させなければならない 従事者の社会保険への加入の状況について、規則で定めるところにより区長に報告しなければならない		事業者は、継続性のある業務に関する公契約を締結する場合は、当該業務に従事する労働者の雇用の安定及び地域の雇用の維持並びに当該業務の質の確保に努めなければならない

「公契約条例がひらく地域のしごと・くらし」巻末資料　*183*

13	14	15	16	No.
世田谷区 公契約条例	高知市 公共調達条例（改正）	我孫子市 公契約条例	加西市 公契約条例	条例
帳票の配布と提出による	受注者は、台帳の写しを、市長等が指定する期日までに市長等に提出すること 立入調査・書類提出に応じること	労働者等の氏名、従事する職種、従事した時間、賃金等が支払われる日その他規則で定める事項を記載した台帳を作成して、事業所に備えるとともに賃金台帳尾の写しを添えて期日までに市長等に報告しなければならない	労働者等の氏名、従事する職種、従事した時間、賃金等を支払われるべき日その他を記載した台帳の整備と指定日までの報告	履行確認
	是正請求、契約解除、管理業務の一部、あるいは全部停止、受注者が損害賠償に応じる責任	立入検査 是正命令 是正報告 公契約の解除 公表 損害賠償 違約金	是正措置 公契約の解除 企業名の公表 損害賠償 違約金	違反対応
条例適正化委員会は、学識経験者、事業者および労働者団体の代表者、区内に在住・在勤者、区関係行政職員の中から区長が委嘱する委員10人以内。任期は2年。委員会に労働報酬専門部会をおく	高知市公共調達審議会は、委員7人以内をもって組織し、公共調達に係る制度並びに社会的価値の実現及び向上に関し識見を有する者のうちから市長が委嘱。委員の任期は2年	我孫子市公契約審議会は、事業者、労働者、学識経験者の委員6人以内をもって構成、任期2年	加西市公契約審議会は、5人以内で構成する。委員は事業者、労働者、学識経験者で構成、任期は2年	審議会
	対象労働者が申出をしたことを理由として、当該対象労働者に対して、解雇、請負契約の解除その他不利益な取り扱いをしてはならない	受注者及び受注関係者は、申出をしたことを理由として当該申出をした労働者等に対し、解雇、請負契約の解除その他の不利益な取り扱いをしてはならない	不利益取り扱いの禁止	通報者保護
物品調達、請負、役務の提供等の質及び適正な価格が確保されるために、正確な積算等着実な事業計画に基づき、公契約が締結されること 帳票の提出を求める公契約の範囲等は、50万円（指定管理者の業務に係る協定は零円）とする		受注者は、社会保険に加入していること。また、下請負者の社会保険の加入状況を確認し、社会保険に加入していない者がある場合には、社会保険の加入について指導又は助言を行うこと	契約締結時には、建設業法、公共工事品質確保法、公共サービス基本法、下請代金支払遅延防止法に基づいた公正な契約としなければならない	その他の特徴

No.	17	18	19
条例	加東市工事等の契約に係る労働環境の適正化に関する条例	豊橋市公契約条例	越谷市公契約条例
制定	2015年7月	2016年3月	2016年12月
施行	2015年10月	2016年4月	2017年4月
改正			
目的	市が締結する請負契約及び市が指定管理者に行わせる公の施設の管理業務において、当該業務に従事する者の適正な労働条件等を確保し、もって労働者等の生活の安定を図り、公共工事及び公共サービスの質の向上に資するとともに、地域経済及び地域社会の活性化に寄与する	公契約に係る基本方針を定め、市及び公契約の相手方となる事業者の責務を明らかにすることにより、公契約に係る業務に従事する労働者の適正な労働環境及び事業者の健全で安定した経営環境を確保するとともに、公契約に係る業務の質の向上を図り、もって地域経済の健全な発展及び市民の福祉の増進に寄与すること	公平かつ公正な公契約及びそれに従事する労働者等の適正な労働条件の確保を図り、もって公契約の適正な履行及び質の向上に資するとともに、地域経済の健全な発展及び市民福祉の増進に寄与すること
適用契約	・予定価格1億円以上の工事請負契約 ・予定価格1千万円以上の工事請負契約のうち規則で定めるもの 　施設等の管理運営業務 　施設等の清掃業務 　施設等の警備業務 　料金徴収等事務業務 　給食調理業務 　別表に掲げる指定管理委託業務	・予定価格1億5千万円以上の工事請負契約 ・予定価格1千万円以上の業務請負契約のうち以下のもの 　庁舎清掃・病院清掃 　施設警備・会場警備 　除草または草刈り 　草花管理業務 　給食補助業務 　人材派遣業務 　庁舎受付・施設受付 ・1千万円以上の指定管理協定のうち、公募によるもの	・予定価格5千万円以上の工事請負契約 ・予定価格1千万円以上の業務委託契約 ・予定価格1千万円以上の指定管理協定
対象者	・受注者又は受注関係者に雇用され、従事する労働基準法第9条の労働者 ・受注者等から公契約等に係る業務を請け負う者	労働基準法第9条に規定する労働者受注者又は下請負者との請負の契約により公契約に係る業務に従事する者	労働基準法第9条に規定する労働者受注者又は下請負者との請負の契約により公契約に係る業務に従事する者
地元発注		労働者の適正な労働環境の確保を目指すとともに、新規就労の促進及び人材育成に注力し、地域経済の健全な発展の推進を図ること	受注者は、地域経済及び地域社会の活性化に寄与するため、業務の一部を第三者に発注する場合は、市内に事業所等を有する者を使用するよう努めるとともに、市内に住所を有する労働者等の雇用機会に配慮しなければならない
公共工事等の賃金	公共工事設計労務単価の90%	公共工事設計労務単価を勘案して決める	公共工事設計労務単価

20	21	22	No.
目黒区 公契約条例	日野市 公契約条例	豊川市 公契約条例	条例
2017年12月	2018年9月	2018年9月	制定
2018年10月	2018年10月	2019年2月	施行
			改正
公契約の手続き及び履行に係る基本的な方針を定め、労働者等の適正な労働条件を確保することにより、優れた人材を確保できる環境の整備及び公契約の適正な履行を図り、もって区民サービスの向上及び地域経済の活性化に寄与すること	市及び公契約の相手方となる者が対等な立場と信頼関係を基に締結する公契約において果たすべき責務を定め、公契約に係る業務に従事する者の適正な労働環境の確保、事業者の経営環境の維持改善並びに公共工事及び公共サービスの質の向上に資するとともに、地域経済の活性化と市民の福祉の向上に寄与する	公契約に係る基本方針を定め、市及び事業者の責務を明らかにすることにより、公契約の適正な履行及び労働者の適正な労働環境の確保を図り、もって地域経済の健全な発展及び市民の福祉の増進に寄与する	目的
予定価格が5千万円以上の工事の請負契約 予定価格が1千万円以上の業務委託契約のうち、規則で定めるもの	予定価格が1億円以上のもの（当面の対象は公共工事のみに限定）	予定価格1億円以上の工事請負契約 予定価格1千万円以上（年額計算で判断する）の業務委託契約 ・1千万円以上の指定管理協定	適用契約
・受注者または受注関係者に雇用され、公契約に係る業務に従事する者 ・自らの労務の対象を得るために公契約に係る業務の一部を請け負いまたは受託した者	・受注者または受注関係者に雇用され、公契約に係る業務に従事する者 ・自らの労務の対象を得るために公契約に係る業務の一部を請け負いまたは受託した者	業者に雇用され、公契約に係る業務に従事する労働基準法第9条に規定する労働者 下請業者	対象者
区の区域内の事業者が公契約に係る業務を請け負い、または受託すること及び区内の者が公契約に係る業務に従事することができる機会を確保するよう努めること	受注者は、受注関係者の選定に当たっては、地域経済の活性化のため、できる限り市内事業者を活用するよう配慮しなければならない。	地域経済の健全な発展及び市民の福祉の増進に寄与する	地元発注
公共工事設計労務単価を考慮して定める	公共工事設計労務単価を勘案して定める	公共工事設計労務単価を勘案して定める	公共工事の賃金等

No.	17	18	19
条例	加東市工事等の契約に係る労働環境の適正化に関する条例	豊橋市 公契約条例	越谷市 公契約条例
賃金等の業務委託	2019年度労働報酬下限額は890円	工事請負契約以外は860円 年金受給者や見習い・手元は845円	最低賃金法 生活保護法 その他公的機関が定める労務単価の基準
労働者への周知		事業者は、公契約に係る業務を下請させ、又は再委託する場合は、相手方にこの条例の趣旨を説明し、理解を得るとともに、法令等を遵守させ、誠実に業務を実施するよう適正な条件の付加に努めなければならない	次に掲げる事項ついて記載した書面を作場の見やすい所に掲示し、又は交付することにより、労働者等に適切に周知する 適用労働者の範囲、労働報酬下限額、申出先、不利益扱いの禁止
受注者の責任	公契約等を受注した責任を認識し、関係法令等を遵守することはもとより、公契約等に係る業務に従事する者の適正な労働条件の確保その他の労働環境の整備に努めなければならない	公契約に携わる者としての社会的な責任を自覚し、法令等を遵守するとともに、誠実に当該公契約を履行 公共事業の質を確保するとともに、労働者に適正な賃金を支払い、労働者の適正な労働環境を確保	受注者は、公契約を締結する社会的責任を自覚し関係法令等を遵守するともに、公契約を誠実かつ適正履行する 労働等の適正な条件及び環境確保に努めるとともに社会的価値の向上に配慮 地域経済の活性化
受注者と下請との契約	受注関係者が労働者等に対して支払った賃金等の額が労働報酬下限額を下回ったときは、その差額分の賃金等について、受注者は当該受注関係者と連帯して支払う義務を負う		
履行確認	台帳作成義務	賃金、労働時間、社会保険の加入状況その他の労働条件が適正であることを確認するための帳票（以下「労働環境確認書」という。）を受注者に配布し、その活用及び提出を求める	
違反対応	報告義務 立入調査 応諾義務 是正命令 是正報告 氏名公表 公契約の解除	立入調査 資料提出 労働者への聞き取り 是正措置 指名停止 氏名公表	報告義務 立入調査 応諾義務 是正命令 是正報告 氏名公表 公契約の解除

20	21	22	No.
目黒区 公契約条例	日野市 公契約条例	豊川市 公契約条例	条例
職員の給与に関する条例第22条第1項に規定する給与の額	条例では対象になっているが、2019年4月段階で労働報酬下限額の設定はなし	最低賃金法	業務委託等の賃金
受注者は、公契約に係る業務を実施する場所の見やすい場所に掲示し、若しくは備え付け、又は当該事項を記載した書面を労働者等に交付しなければならない	受注者は、次の事項を対象契約に係る業務が実施される作業所等の見やすい場所に掲示し、若しくは備え付け、又は書面を交付することにより労働者等に周知しなければならない。(1) 労働者等の囲 (2) 労働報酬下限額 (3) 申出先	特定公契約に係る業務が行われる作業所等の見やすい場所に掲示し、又は書面で交付する。(1) 労働者の範囲 (2) 労働報酬下限額 (3) 申出先 (4) 申出をしたことを理由に、解雇、請負契約の解除その他不利益な取扱いを受けないこと	労働者への周知
受注関係者がその労働者等に対して支払った報酬の額が作業報酬下限額未満のときは、当該労働者に対し、連帯して、当該報酬額と作業報酬下限額との差額に相当する額を支払わなければならない	公契約に関する市の施策に協力するよう努めなければならない。受注者は、労働者等の適正な労働条件の確保及び労働環境の整備に努めなければならない。	労働者は、賃金等が支払われるべき日において、支払われるべき賃金等が支払われていないとき、又は支払われた賃金等の額が労働報酬下限額を下回るときは、市長又は事業者にその事実を申し出ることができる	受注者の責任
	公契約を締結するものとして社会的な責任を自覚し、法令等を遵守するとともに、公契約に関する市の施策に協力するよう努める		受注者と下請との契約
受注者は、その労働者等の氏名、職種および作業報酬下限額その他区長が別に定める事項を記載した台帳を作成し、区長が指定する期日までに区長に提出しなければならない	労働者等の氏名、従事する職種、従事した時間、賃金等を支払われるべき日その他規則で定める事項を記載した台帳を作成し、作業所等に備え、その記載事項について、市長が指定する期日までに市長に報告	特定公契約に係る労働者の適正な労働環境が確保されていることを確認するため、当該特定公契約に係る受注者に対し、必要な報告を求める	履行確認
立入調査 是正措置 公契約の解除 企業名の公表 損害賠償	報告 立入調査 是正措置 契約解除 連帯責任 公表	報告 立入調査 是正措置 公表	違反対応

「公契約条例がひらく地域のしごと・くらし」巻末資料　187

No.	17	18	19
条例	加東市工事等の契約に係る労働環境の適正化に関する条例	豊橋市公契約条例	越谷市公契約条例
審議会	労働報酬等審議会は、委員6名以内で構成 事業者・労働者の代表並びに学識経験者 任期は2年	公契約審議会は、委員6名以内で構成 事業者・労働者の代表並びに学識経験者 任期は2年	労働報酬等審議会 6人以内で構成。学識経験者、事業者、労働者で構成 任期は2年
通報者保護	当該労働者等が当該申出をしたことを理由に、解雇、請負契約の解除その他不利益な取扱いをしてはならないこと	申出をしたことを理由に、解雇、請負契約の解除その他不利益な取扱いをしてはならないとされていることの周知。不利益取り扱いの禁止	
その他の特徴		立入調査をする職員は、その身分を示す証明書を携帯し、事業者又は労働者その他の関係者から請求があった場合は、これを提示しなければならない	社会保険の加入 必要な法定福利費の把握

20	21	22	No.
目黒区 公契約条例	日野市 公契約条例	豊川市 公契約条例	条例
目黒区公契約審議会 委員7人以内、任期2年	公契約審議会は6人以内の委員で構成し、事業者団体関係者、労働者団体関係者及び学識経験者の中から市長が委嘱する 委員の任期は、2年とする	労働報酬下限額その他公契約に係る重要事項について調査審議するため、豊川市公契約審議会を置く。委員6人以内をもって組織する。委員は学識経験者、事業者の代表者、労働者の代表者で構成。任期2年	審議会
労働者による通報制度の保障、不利益な取り扱いの禁止	受注者及び受注関係者は、申出があった場合は、誠実に対応するとともに、申し出た労働者等が申出をしたことを理由に、当該労働者等に対して解雇、請負契約の解除その他の不利益な取扱いをしてはならない	労働者から申出があったときは、誠実に対応するとともに、当該労働者が当該申出をしたことを理由に、解雇、請負契約の解除その他不利益な取扱いをしてはならない。	通報者保護
健康保険の被保険者であることの情報の報告義務	受注者の連帯責任を明記		その他の特徴

公契約基本条例対照表（いわゆる理念型条例）

No.	1	2	3	4
条例	山形県 公共調達基本条例	長野県の契約に関する条例	奈良県 公契約条例	岐阜県 公契約条例
制定	2008年 7月	2014年 4月	2014年 7月	2015年 3月
施行	2008年 7月	2014年 4月	2015年 4月	2015年 4月
改正				
目的	公共調達により調達するものの品質及び価格の適正を確保するとともに、公共調達に係る入札契約制度に対する県民の信頼を確保し、もって県民の福祉の向上及び県民掲示あの健全な発展に寄与する	県の契約に関し、基本理念を定め、並びに県及び県の契約の相手方の責務を明らかにするとともに、契約に関する県の取組の基本となる事項を定めることにより、契約制度の公正かつ適切な運用を図りつつ、県の一定の行政目的を実現するために契約の活用を図り、もって県民の福祉の増進を図る	県並びに受注者及び下請負者等の責務を明らかにすることにより、適正な労働条件の確保その他の社会的な価値の実現及び向上を図り、もって地域経済の健全な発展及び県民の福祉の増進に寄与する	県及び事業者等の責務を明らかにし、公契約に関する基本的事項を定めることで、制度の適切な運用を図り、事業者等の経営の安定及び公契約に係る業務に従事する者の適正な労働条件等の確保等の労働環境の整備、障がい者等の就労機会の確保その他の社会的役割を果たす取り組みの促進に寄与する
基本理念	・入札及び契約の過程から談合その他の不正行為の排除の徹底 ・公正競争の促進 ・契約内容の透明性の確保 ・建設工事では、健全な建設業者の育成、法令の遵守、環境保全などの適切な評価	県の契約は、地域経済の健全な発展に資するため、契約の過程及び内容の透明性並びに競争の公正性が確保されること並びに談合その他の不正行為の排除が徹底されることにより、その適正化を図る	公契約は、その履行により提供されるサービス等が県民の生活及び福祉を支えるとともに、その当事者には、地域社会に貢献する経済主体にふさわしい行動及び役割が強く期待されていることに鑑み、その締結及び履行に当たっては、適切かつ公正に行われなければならない	公契約は、その履行により提供されるサービス等が県民生活水準の維持及び向上に重要な意義を持つことに鑑み、そのサービスの質を確保するとともに、事業者の経営の安定により人材の確保及び育成のための適正な労働環境の整備などを促進する
具体的取組	「基本理念」にのっとり、入札契約制度を不断に見直す。 ・毎年度、議会に調達に係わる入札契約制度の運用状況及び見直しの内容に関する報告を提出し、公表する ・入札契約制度の改善に関して、必要な情報の提供及び助言を行う	①地域における雇用の確保が図られること ②県産品の利用が図られること ③県内の中小企業者の受注機会の確保が図られること ④県民が安全に安心して暮らすことができるようにするための活動を行う事業者の育成に資すること ⑤事業者の有する専門的な技術の継承が図	・公契約の相手方の選定に当たっては、適正な労働条件の確保その他の社会的価値の実現及び向上に対する寄与の程度を勘案する ・公契約の履行に当たっては、受注者及び下請負者等に対し次に掲げる事項その他の法令の遵守を求める ・最低賃金法	・県は事業者等による労働環境の整備その他の社会的責任を果たすために、適切な公契約の締結及び適正な履行の確保のために必要な措置を講ずる ・事業者等は、公契約に係わる者としての社会的責任を自覚し、契約を適正に履行するとともに、県が行う公契約に関する制

No.	5	6	7	8
条例	岩手県：県が締結する契約に関する条例	愛知県公契約条例	江戸川区公共調達基本条例	秋田市公契約基本条例
制定	2015年3月	2016年3月	2010年4月	2013年3月
施行	2016年4月	2016年4月	2010年4月	2014年4月
改正				
目的	県契約を通じた適正な労働条件の確保並びに事業者が行う持続可能で活力ある地域経済の振興及び社会的な価値の向上に資する取り組みの促進を図り、県民福祉の増進に資すること	公契約の基本方針を定め、県及び公契約の相手方の責務を明らかにし、公契約に関する県の取組の基本となる事項を定め、公契約の適正化を図り、県民に提供されるサービスの品質の確保、社会的な価値の実現及び公契約の履行に係る作業に従事する労働者等の労働環境の整備を図り、県民生活の向上及び地域社会の持続的な発展に寄与する	区が行う公共調達について基本理念を定め、区及び事業者の責務並びに区民の役割を明らかにし、公共調達に関する施策の基本となる事項を定めるとともに、特定公共事業の実施手続き並びに公共調達審査会及び公共調達監視委員会の設置について定めることにより、区民の福祉の増進及び地域社会の健全な発展に寄与する	公契約に係る基本的な事項を定めることにより、公契約の適正な履行および良好な品質の確保ならびに労働者の適正な労働条件の確保を図り、もって市民が豊かで安心して暮らすことのできる地域社会の実現に寄与する
基本理念	・契約の過程及び内容の透明性並びに競争の公正性 ・経済性への配慮、ダンピング受注の防止、総合的に優れていること ・県契約の業務に従事する者の適正な労働条件 ・県内中小企業の受注の確保、県産品の利用促進、技術・技能の継承等	透明性及び競争の公正性が確保されるとともに、不正行為の排除が徹底されることで適正化 作業に従事する労働者（労基法第9条に規定する労働者）（1人親方・請負含む）の労働環境の整備が図られるよう、適切な措置が講じられなければならない	公共調達過程の全体を通じて、区民の福祉の増進に資する 事業者間の公正な競争を促進されるとともに、地域社会への貢献、地域経済の活性化及び地域環境の創造への配慮をはかる 公平性・公正性を貫き、透明性を確保して行い、不正行為は徹底して排除する	・価格以外の要素を考慮し、地元企業の意欲に配慮した発注を推進し、地域雇用の促進、地域経済の活性化を図る ・対象労働者の労働条件その他の労働環境の向上 ・公契約の履行成績の評価を行う仕組みを整備し、不当な価格の入札を防止し、品質の確保を図る
具体的取組	・県は、基本理念の推進を図る ・受注者は、基本理念を認識し、県契約を適切つに履行する ・賃金及び社会保険加入に関する法令遵守	法令遵守 予定価格の適正な決定 入札価格調査制度の活用 環境配慮義務 障害者雇用促進 男女共同参画促進 仕事と生活の調和の促進 労働環境の整備	社会的要請型総合評価一般競争入札を採用し、社会的要請への実現への貢献を評価項目に加えた一般競争入札方式で選定していく そのためには、その事業ごとに求められる実現すべき社会的要請を明らかにした当該事業に係る計画「特定公共事業基本計画」を確定しなければならない	・市は、地元企業の活性化、労働環境の向上および公契約の品質の確保につながる施策を実施する ・受注者等は、市の事業の実施に携わる者としての社会的責任を自覚し、公契約に係る事業の良好な品質の確保および社会的価値の向上に努め、労働基準法、最低賃金法その他の関係法

No.	1	2	3	4
条例	山形県 公共調達基本条例	長野県の契約に関する条例	奈良県 公契約条例	岐阜県 公契約条例
具体的取組		られること ⑥その他持続可能で活力ある地域社会の実現に資することとなること	・健康保険法 ・厚生年金保険法 ・雇用保険法 ・労働保険法	度の適切な運用を図るための取り組みに協力する ・県は予定価格を定める際、経済社会情勢の変化を勘案し、市場における労務その他の取引価格を考慮して積算するものとする
審議会	山形県公共調達評議委員会は、学識経験者8名以内で構成し、任期は3年	長野県契約審議会は学識経験者12人以内で構成し、任期は3年	・奈良県公契約審議会は、委員5人以内、任期は2年 ・奈良県公契約執行適正化委員会は、委員3人以内、任期は2年	学識経験者等の意見聴取を行う
その他			虚偽報告、虚偽答弁等には5万円以下の過料	県は、予算の適正な使用に留意しつつ、地域経済の健全な発展に配慮し、県内に事務所又は事業所を有する事業者の受注の機会を確保するように努めなければならない

5 岩手県：県が締結する契約に関する条例	6 愛知県 公契約条例	7 江戸川区 公共調達基本条例	8 秋田市 公契約基本条例	No. 条例
			令を遵守し、対象労働者の適正な労働環境の確保に努めなければならない	具体的取組
岩手県契約審議会を設置し、学識経験者7名以内で構成され、任期は3年とする	関係団体との協議の場を設ける	江戸川区公共調達審査会は、事業者と学識経験者7名以内で構成し任期は2年 江戸川区公共調達監視委員会は事業者と学識経験者3名以内で構成し、任期は2年とする	なし	審議会
			低価格入札による受注を排除し、適正な価格による契約を推進するため、最低制限価格制度および低入札価格調査制度を適正に活用する	その他

No.	9	10	11	12
条例	前橋市 公契約基本条例	大和郡山市 公契約条例	四日市市 公契約条例	京都市 公契約基本条例
制定	2013年 9月	2014年12月	2014年10月	2015年11月
施行	2013年10月	2015年 4月	2015年 1月	2016年 4月
改正				
目的	市及び事業者等の責務を明らかにし、公契約に関する施策を推進するとともに、社会的価値の向上並びに地域経済及び地域社会の健全な発展を図り、もって市民の福祉の増進に寄与する	公契約に係る基本方針その他の基本となる事項を定め、市及び公契約の相手方となる者の責務を明らかにするとともに、適正な労働条件の確保を図り、もって労働者の生活の安定並びに公共工事及び公共サービスの質の向上に寄与する	市及び受注者等の責務を明らかにすることにより、労働者が安心して暮らすことのできる適正な労働条件の確保及び事業の質の向上を図る	公契約に関し、その基本方針、本市及び受注者の責務その他の基本となる事項を定めることにより、市内中小企業の受注等の機会の増大、公契約に従事する労働者の適正な労働環境の確保、公契約の適正な履行及び履行の水準の確保並びに社会的課題の解決に資する取組の推進を図り、もって地域経済の健全な発展及び市民の福祉の増進に寄与する
基本理念	①公契約の実施に当たっては、公正性、透明性及び競争性の確保に努める ②品質及び適正な履行を確保し、市民生活及び経済活動の基盤となる社会資本の質の向上に努める ③社会的価値の向上に努める ④地域経済及び地域社会の健全な発展に配慮するよう努める	・公契約の相手方の適切な選定及び公契約の適正な履行の確保を図る (1)公契約の適正な履行により、事務、事業を円滑に執行し、良質な市民サービスを確保する (2)入札及び契約の過程並びに契約の内容の透明性を確保する (3)談合その他の不正行為の排除を徹底する (4)受注者等に対し最低賃金以上の支払、社会保険の加入等の法令遵守を求める	基本理念の条項なし	地域経済の活性化及び雇用の創出を図り、地域コミュニティの維持及発展、並びに地域における防災体制の維持及び向上を図り、活力に満ちた、人と人とが支え合う安心・安全なまちであり続けるためには、市内中小企業の持続的な発展が不可欠であることに鑑み、市内中小企業の受注等の機会の増大を図る
具体的取組	・市は、適正な公契約に関する施策を総合的に実施するよう努め、公正性、透明性及び競争性並びに品質及び適正な履行を確保できる措置を講ずる、社会的価値の向上並びに地域経済及び地域社会の健全	労働者への周知 ・受注者は公契約に係る事業に掲げる事項の遵守の状況を市長に報告	・市は、公契約において、透明性、公正性及び競争性を確保するものとする ・受注者等は、この条例の目的を達成するため、公契約に関し、適正な価格による契約を行わなければならない	市内中小企業へ発注するよう努める。法令上の制限がある場合、専門的な能力を有する者に発注する必要がある場合を除き、市内中小へ発注するよう努める

No.	13	14	15	16
条例	大垣市 公契約条例	加賀市 公契約条例	丸亀市 公共調達基本条例	旭川市 公契約の基本を定める条例
制定	2015年10月	2016年3月	2016年3月	2016年12月
施行	2016年4月	2016年7月	2016年4月	2017年4月
改正				
目的	公契約に係る基本理念を定め、市及び事業者等の責務を明らかにすることにより、公契約に関する制度の適正な運用及び社会的責任の向上を図り、もって地域経済及び地域社会の健全な発展並びに市民福祉の増進に寄与する	公契約に関し、基本理念を定め、市及び事業者等の責務を明らかにするとともに、公契約に関する基本的事項を定めることにより、事業者等の経営の安定及び公契約に係る業務に従事する者の適正な労働条件の確保等の労働環境の整備、障がい者等の就業機会の確保、仕事と生活の調和の実現その他の社会的責任を果たすための取組の促進に寄与する	公共調達が市民生活及び経済活動の基盤となる社会資本を始めとする公共財産の取得及び整備であることに鑑み、公共調達に関する基本理念を定めることにより、公共調達の適正化及び質の向上を図り、もって地域経済及び地域社会の健全な発展に寄与する	本市及び事業者等の責務を明らかにすることにより、公契約の適正な履行及び労働環境の確保を図り、もって市民が豊かで安心して暮らせる地域社会の実現に寄与すること
基本理念	(1)締結に至る過程において、公正性、透明性及び競争性を確保する (2)適正な履行を確保する (3)社会的責任の向上に努める (4)地域経済及び地域社会の健全な発展に配慮するよう努める	施工される工事、遂行される業務及び納入される物品(以下「工事等」という。)が市民生活の水準の維持及び向上に重要な意義を有することに鑑み、その工事等の品質を確保するとともに、第1条に規定する目的を達成するため、市及び事業者等がそれぞれの役割を果たすことを旨として締結され、及び履行されなければならない	(1)公平性、透明性及び競争性の確保 (2)品質の確保及び環境への配慮 (3)地域経済の発展及び労働環境の向上	(1)地域内での経済の循環及び活性化を図る (2)公契約に係る業務に従事する者の適正な労働環境を確保する (3)品質及び適正な履行を確保する (4)公平性、公正性及び透明性の向上を図る
具体的取組	・市民は、市の実施する公契約に関する施策が地域経済及び地域社会の健全な発展並びに市民福祉の増進に寄与することを理解し、当該施策に協力するよう努める ・価格、品質、納期その他の契約条件が適	・事業者等による労働環境の整備その他の社会的責任を果たすための取組が促進されるよう、適切な公契約の締結及び公契約の適正な履行の確保のために必要な措置を講ずる ・事業者は、公契約に	・事業者は、公共調達に関わる者として受注した業務を誠実に履行するとともに、労働関係法令を遵守し、労働者の適正な労働条件の確保その他の労働環境の向上に努めなければならない	・関係法令の遵守 ・労働環境の向上 ・下請負の選定又は資材等の調達は、地域で事業を営む者を活用

No.	9	10	11	12
条例	前橋市 公契約基本条例	大和郡山市 公契約条例	四日市市 公契約条例	京都市 公契約基本条例
具体的取組	・な発展に配慮した措置を講ずる ・事業者等は、公契約に関わる者として社会的な責任を自覚し、関係法令等を遵守する、公契約に係る業務に従事する者の適正な労働条件その他の労働環境を整備し、社会的価値の向上に努める		・受注者等は、公契約に携わる者として社会的な責任を自覚し、建設業法、下請代金支払遅延等防止法その他関係法令を遵守しなければならない	
審議会	なし	大和郡山市公契約審議会を置く	四日市市公契約審議会は、事業者、労働者、学識経験者6人以内で構成する、任期は2年	審査委員会は、委員10人以内をもって組織する 委員は、学識経験のある者その他市長が適当と認める者のうちから、市長が委嘱し、又は任命。任期2年
その他	・市長等は、品質及び適正な履行を確保するために、取引の実例価格を踏まえた、適正な積算根拠に基づき、契約金額を決定する基準となる予定価格の算出に努める ・市長等は、経済性に配慮することはもとより、事業者の能力など価格以外の要素を適切に評価することにより、品質の向上が図れる場合は、価格及び品質が総合的に優れた内容による契約をするために必要な措置を講ずる	1億円以上の工事又は製造の請負契約 3千万円以上の請負契約と指定管理契約のうち規則に定めるもの 労働法制の遵守 報告義務 立入調査 是正・契約解除 損害賠償	・受注者等は、労働基準法、最低賃金法その他関係法令を遵守し、労働者の適正な労働条件を確保しなければならない ・市長等は、特に必要と認めた公契約について、当該公契約の受注者等に対し、労働条件の確保について報告を求めることができる ・市長等は、報告を受け、必要があると認めるときは、調査を行うとともに必要な措置をとるべき旨の指導を行うことができる	・公契約に従事する労働者の雇用の安定その他適正な労働環境の確保並びに維持及び向上に努める ・最低賃金法その他の労働関係に関する法令を遵守しなければならない ・労働関係法令の遵守状況を確認するための別に定める事項を記載した報告書を市長等に提出しなければならない

No.	13	14	15	16
条例	大垣市 公契約条例	加賀市 公契約条例	丸亀市 公共調達基本条例	旭川市 公契約の基本を定める条例
具体的取組	切なものとなるよう努めなければならない ・市は、公契約の予定価格を定めるに当たっては、経済社会情勢の変化及び市場における労務その他の取引の実例価格を考慮して積算しなければならない ・事業者等は、公契約の内容に適合した履行が確保できるよう、労務費その他の経費を適正に積算しなければならない	関わる者としての社会的責任を自覚し、契約を適正に履行するとともに、市が行う公契約に関する制度の適切な運用を図るための取組に協力する ・市は、経済性に配慮しつつ、適正な履行が通常見込まれない金額での公契約の締結を防止する ・地域経済の健全な発展に配慮し、市内に事務所又は事業所を有する事業者（次項において「市内事業者」という。）の受注の機会を確保する	・事業者は、地域経済の発展に寄与するため、下請負人を選定する場合は、市内業者の積極的な活用に努めなければならない	
審議会	市は、公契約に関する制度の適正な運用を図るため必要があると認めるときは、学識経験者、事業者その他関係団体の意見を聴くことができる	必要に応じ、学識経験者、事業者その他関係団体の意見の聴取等を行う		
その他	公契約の履行に当たっては、下請負者を選定するとき又は資材等を調達するときは、市内事業者の積極的な活用に努めなければならない	事業者等は、建設業法、下請代金支払遅延等防止法、その他関係法令を遵守するとともに、労務費その他の経費の内訳を明らかにした見積りを基に、自己以外の下請負人との対等な立場における合意に基づいた公正な契約を締結するよう努めなければならない	市は、社会経済情勢の推移、国及び他の地方公共団体の動向その他の公共調達を巡る情勢の変化を勘案し、必要があるときは、基本方針を変更する	

No.	17	18	19	20
条例	尼崎市 公共調達基本条例	郡山市 公契約条例	碧南市 公契約条例	湯浅町における公契約の基本を定める条例
制定	2016年10月	2016年12月	2017年3月	2017年4月
施行	2018年4月	2017年4月	2017年7月	2017年4月
改正				
目的	公共調達に関する基本方針を定め、市長等及び受注者等の責務を明らかにするとともに、公共調達に関する基本的な事項を定めることにより、これらに基づく公共調達に関する取組を推進し、もって地域経済の持続的な発展及び市民福祉の増進に寄与する	市及び事業者等の責務を明らかにすることにより、地域経済の健全な発展及び良質な公共サービスの適正かつ確実な提供を推進し、もって市民が豊かで安心して暮らすことができる地域社会の実現を図る	公契約に係る基本方針を定め、市及び事業者の責務を明らかにするとともに、公契約に係る業務の質の向上を図り、もって地域経済の健全な発展及び市民の福祉の増進に寄与する	公契約に関する基本方針を定めるとともに、本町及び事業者等の責務を明らかにすることにより、公契約の適正な履行を図り、労働者の生活の安定及び公共サービスの向上並びに地域経済の活性化に寄与する
基本理念	(1)市内事業者が請負等業務及び下請等契約業務を受注する機会、市内事業者が指定を受ける機会を増大させること (2)公共調達を通じた社会的課題の解決に資する取組を推進すること (3)従事する労働者の適正な労働環境を確保すること (4)公共調達に係る業務の適正な履行及びその質を確保すること	(1)公正性、透明性及び競争性を確保すること (2)契約内容の適正な履行及び調達するものの品質の確保並びに不正行為の排除に資すること (3)労働者等の適正な労働環境を確保すること (4)市内中小企業の育成及び活用に資すること (5)社会的価値の向上に資すること	(1)公契約の過程において、透明性及び競争の公正性を確保するとともに、不正行為の排除を徹底し、その適正化を図ること (2)適正な積算による予定価格を設定するとともに、公契約の品質及び適正な履行を確保すること (3)労働者の適正な労働環境の確保を図るとともに、地域経済の健全な発展の推進を目指すこと	(1)地域内での経済の循環及び活性化を図ること (2)公契約に係る業務に従事する者の適正な労働環境を確保すること (3)公契約の適正な履行により、品質及び町民サービスを確保すること (4)入札の公平性、公正性及び契約過程、内容の透明性の向上を図ること
具体的取組	・受注者等は、下請等契約及び公共調達に係る業務の履行のために要する原材料の購入等の契約を市内事業者との間で締結するよう努めなければならない	事業者は、自らが締結した公契約が規則で定める範囲の契約に該当するときは、市長等に対し、規則で定めるところにより、労働者等の適正な労働環境を確保するための取組（当	予定価格1,000万円以上の公契約のうち規則で定める契約を締結した受注者は、賃金、労働時間、社会保険の加入状況その他の労働条件が適正であることを確認するための書類を	事業者等は、公契約に関わる者としての社会的責任を自覚し、関係法令等を遵守しなければならない 2 事業者等は、公契約に係る業務に従事する者の労働環境の向上に

「公契約条例がひらく地域のしごと・くらし」巻末資料　199

21	22	23	24	No.
津市 公契約条例	花巻市 公契約条例	由利本荘市 公契約基本条例	高山市 公契約条例	条例
2017年12月	2017年12月	2017年12月	2017年12月	制定
2018年 4月	2018年 4月	2018年 4月	2018年 4月	施行
				改正
公契約における事業者間の競争の激化、落札価格の下落等による労働者の賃金その他の労働環境の悪化が懸念されることに鑑み、公契約に係る基本方針並びに本市及び受注者等の責務を定め、並びにこれらに基づく施策を実施することにより、労働者の労働環境の確保、優良な事業者の育成及び地域経済の健全な発展を図り、もって労働者が労働意欲にあふれ、かつ、住民が豊かで安心して暮らすことのできる地域社会を実現する	公契約に係る基本的な事項を定めることにより、公契約の担い手である事業者の意識啓発を図り、もって公契約の適正な履行及び良好な品質の確保並びに労働者の適正な労働条件を確保する	公契約に係る基本理念を定め、市及び事業者等の責務を明らかにすることにより、公契約に関する制度の適正な運用及び労働環境の整備並びに公共工事、公共サービスの質の向上を図り、もって地域経済及び地域社会の健全な発展並びに市民福祉の増進に寄与する	公契約に係る基本理念を定め、市及び事業者等の責務を明らかにすることにより、適正な公契約に関する施策の推進を図り、もって地域経済及び地域社会の健全な発展に寄与する	目的
(1)労働者の適正な労働環境を確保すること (2)品質及び適正な履行を確保すること (3)入札及び契約の公正性、透明性及び競争性を確保すること (4)不正行為を防止すること (5)地域経済及び地域社会の健全な発展を図ること	(1)公契約の締結に当たっては、性質又は目的に応じて、契約の過程及び内容の透明性並びに競争の公正性が確保されていること (2)適正な履行が見込まれない金額による契約の締結防止が図られていること (3)公契約に係る業務に従事する者の適正な労働条件が確保されていること	(1)公正性、透明性及び競争性の確保に努めること (2)契約内容の適正な履行及び品質を確保すること (3)労働者の適正な労働環境を確保すること (4)地域経済及び地域社会の健全な発展に配慮するよう努めること	(1)公正性、透明性及び競争性を確保すること (2)契約内容の適正な履行及び品質を確保すること　(3)労働者等の適正な労働環境を確保すること (4)社会的責任の向上に努めること (5)地域経済及び地域社会の健全な発展に配慮するよう努めること	基本理念
・受注者は、労働環境の確保に関し規則で定める事項について誓約 ・報告及び立入検査 ・是正措置 ・相談窓口の設置	受注者及び下請負者等は、公契約を履行するに当たり、賃金及び社会保険に関する事項を遵守	契約条件の適正化、適正な価格の積算、適正な労働条件の確保、支払いの適正化、発注規模の適正化、発注時期の適正化	(1)経済社会情勢の変化及び市場における労務その他の取引価格等を考慮した積算に基づき、適正な予定価格を定めること　(2)公契約の締結に当たっては、契約の性質及び目的を踏ま	具体的取組

No.	17	18	19	20
条例	尼崎市 公共調達基本条例	郡山市 公契約条例	碧南市 公契約条例	湯浅町における公契約の基本を定める条例
具体的取組	・社会的課題の解決に資する取組を行っている事業者を優遇するなど、公共調達を通じた社会的課題の解決に資する取組（市長が別に定めるものに限る。）を推進するために必要な措置を講ずるよう努める	該契約において事業関係者が存在する場合は、当該事業関係者に係る労働者等の適正な労働環境を確保するための取組を含む。）について必要な報告を行わなければならない	市長等に提出するものとする	努めなければならない。事業者等は、第3条に規定する基本方針の実現に向けて、町が実施する公契約に係る施策に協力する
審議会		公契約審議会を設置、委員は8人以内で構成する。任期は2年		
その他	違反業者の氏名公表 周知義務 通報及び相談 不正業者の排除 適正な履行体制の確保 適正価格での発注	・労働者への周知義務 ・調査（改善指導）	・立入調査 ・是正措置	

21 津市 公契約条例	22 花巻市 公契約条例	23 由利本荘市 公契約基本条例	24 高山市 公契約条例	No. 条例
			えた適正な入札方法等を採用するとともに市内に事務所または事業所を有する者の積極的な活用を図ること (3)公契約の内容に変動が生じると認めるときは、変更契約を締結すること	具体的取組
審議会は、委員6人以内で組織する 1 事業者団体関係者 2 労働者団体関係者 3 識見を有する者			公契約に関する制度の適正な運用を図るため、必要に応じ、関係団体の意見聴取等を行うものとする	審議会
・労働報酬下限額の設定を検討、5年の間に見直し ・通報者への不利益取り扱いの禁止 ・調査及び立入調査				その他

No.	25	26	27	28
条例	尾張旭市 公契約条例	沖縄県の契約 に関する条例	大府市 公契約条例	北上市 公契約条例
制定	2017年12月	2018年3月	2018年3月	2018年12月
施行	2018年4月	2018年4月	2018年4月	2019年4月
改正				
目的	公契約に係る基本的な事項を定め、市及び受注者等の責務を明らかにすることにより、公共事業・公共サービスの品質を向上させ、公契約の履行に係る作業に従事する労働者等の適正な労働条件の確保を図り、もって地域経済の発展や市民が豊かで安心して暮らすことのできる地域社会の実現に寄与する	県契約に関し、基本理念を定め、県及び事業者等の責務を明らかにするとともに、県契約に関する施策の基本となる事項を定めることにより、県契約に関する施策を総合的に推進し、もって公共サービスの質の確保及び向上並びに地域経済の活性化及び雇用の機会の創出に寄与する	公契約に係る基本理念を定め、並びに市及び受注者等の責務を明らかにすることにより、公契約の適正な履行及び労働者の適正な労働条件の確保を図り、もって市民福祉の向上及び地域経済の健全な発展に寄与する	公契約に係る基本方針及び基本的事項を定め、公契約の公正かつ適切な履行を図り、もって地域経済の健全な発展に寄与すること
基本理念	(1)公契約の適正な履行及び公共事業等の良好な品質を確保すること (2)公契約の過程及び内容の透明性を確保すること (3)適正な競争を促進し、談合その他の不正行為の排除を徹底すること (4)労働者等の労働条件に配慮すること (5)地域経済の発展及び健全な地域社会の実現に配慮すること	県契約は、その履行により提供されるサービスが県民の生活に密接に関連することに鑑み、その締結に至る過程における透明性及び公平性が確保されるとともに、事業者等の適正な利益が確保され、及び労働環境の整備が促進されるよう締結され、及び履行されなければならない	(1)締結に至る過程において、公正性、透明性及び競争性を確保すること (2)適正な履行を確保すること (3)社会責任の向上に努めること (4)地域経済の健全な発展に努めること	(1)公契約の公正性及び透明性を確保すること (2)公契約の品質及び適正な履行を確保すること (3)地域経済の健全な発展に努めること (4)労働者等の適正な労働環境を確保すること
具体的取組	・市内事業者の受注機会の確保 ・適正な労働条件の確保 ・品質の確保		公契約の適正化 適正な労働条件の確保 市内事業者の活用	不正行為の排除等適正な契約方法、適正な価格の算出、適正な下請等契約、市内事業者への発注、労働環境の確認
審議会		沖縄県契約審議会を置く。審議会は、委員8人以内で組織する。委員は、学識経験のある者、労働者団体を代表する者及び経営者団体を代表する者のうちから、知事が任命する		

No.	29	30	31	
条例	田原市 公契約条例	丹波篠山市 公契約条例	庄原市 公契約条例	
制定	2018年12月	2018年12月	2018年12月	
施行	2019年 4月	2019年 4月	2019年 4月	
改正				
目的	公契約に係る基本理念を定め、市及び受注者等の責務を明らかにすることにより、公契約の適正な履行及び労働者等の適正な労働環境の確保を図り、もって市民福祉の向上及び地域経済の健全な発展に寄与する	公契約に関する基本方針を定め、市長等及び受注者等の責務を明らかにするとともに、公契約に関する基本的な事項を定めることにより、これらに基づく公契約に関する取組を推進し、もって地域経済の持続的な発展及び市民福祉の増進に寄与する	公契約に係る基本的な事項を定めて、市、受注者等の責務を明らかにすることにより、公共事業・公共サービスの品質向上、事業者等の経営の安定及び公契約の履行に係る作業に従事する労働者等の適正な労働条件の確保を図り、もって、地域経済及び地域社会の健全な発展に寄与する	
基本理念	(1)公契約の締結に至る過程において、公正性、透明性及び競争性を確保すること (2)公契約の適正な履行を確保すること (3)労働者の適正な労働環境を確保すること (4)受注者等の社会的責任の向上に努めること (5)地域経済の健全な発展に努めること	(1)市内事業者が請負等業務及び下請等契約に係る業務（これらの業務に付随する業務を含む。）を受注する機会並びに市内事業者が指定処分を受けるべき者として選定される機会を増大させること (2)公契約に係る業務に従事する労働者の適正な労働環境を確保すること (3)公契約に係る業務の適正な履行及びその質を確保すること	(1)公契約の適正な履行及び公共事業等の良好な品質を確保する (2)公契約の過程及び内容の透明性を確保する (3)適正な競争を促進し、談合その他の不正行為の排除を徹底する (4)労働者等の労働条件に配慮する (5)地域経済の発展及び健全な地域社会の実現に配慮する	
具体的取組	適正な予定価格の積算、適正な労働環境の確保、事業履行の報告、報告及び調査、是正指導市内事業者の受注機会の確保	(市内事業者への優先的な発注) (適正な労働環境の確保) (労働関係法令の遵守状況の報告等)	市内事業者の受注機会の確保 公正な競争環境の下で、契約の性質又は目的を踏まえた適正な契約方法を活用するために必要な措置を講ずる	
審議会		公契約審議会の設置		

No.	25	26	27	28
条例	尾張旭市公契約条例	沖縄県の契約に関する条例	大府市公契約条例	北上市公契約条例
審議会		任期3年		
その他				

29	30	31		No.
田原市 公契約条例	丹波篠山市 公契約条例	庄原市 公契約条例		条例
				審議会
				その他

この一覧表は、全国労働組合総連合公契約適正化推進委員会の資料に、各自治体の条例、規則、労働報酬下限額等を閲覧し一部加筆・修正して作成（2019年6月5日）

〈著者〉

永山　利和（ながやま　としかず）
日本大学商学部元教授、建設政策研究所副理事長
1940年、東京都生まれ。慶應義塾大学経済学部卒業。日通総合研究所、国民経済研究協会を経て2010年まで日本大学商学部教授。行財政総合研究所理事長、建設政策研究所理事長、自治体問題研究所副理事長、中小企業家同友会企業環境センター座長などを歴任。
専門分野：労働経済論、中小企業論、企業形態論
主な著作　『地域と自治体第37集　地方創生・地方消滅論を問う』共編著（自治体研究社、2015年）／『現代中小企業の新機軸』編著（同友館、2011年）／『公共事業再生　分権時代の国土保全・建設産業政策』編著（自治体研究社、2010年）／『政策づくりに役立つ自治体公共事業分析』共編（自治体研究社、2007年）／『公契約条例(法)がひらく公共事業としごとの可能性』共編（自治体研究社、2006年）

中村　重美（なかむら　しげみ）
世田谷地区労働組合協議会議長　世田谷自治問題研究所事務局長
1949年、福岡県生まれ。中央大学経済学部卒業。1972年東京都採用・世田谷区配属、2010年3月まで世田谷区職員。1997年から2009年まで世田谷区職員労働組合執行委員長。その後同区職員労働組合特別執行委員・世田谷地区労働組合協議会議長。
主な論文　「公契約条例で住みたいまちへ働きたいまちへ」『住民と自治』第672〜675号（自治体研究社、2019年）／「保坂区政誕生から7年8カ月―世田谷区政の現状と課題を考える」『月刊東京』第401号（東京自治問題研究会、2019年）／「東京都世田谷区における公契約条例制定の経過と特徴」『季刊自治と分権』第59号（大月書店、2015年）／「世田谷区の公契約条例：制定の経過の概略と特徴、今後の課題」『賃金と社会保障』第1629号（旬報社、2015年）／「世田谷区公契約条例制定における労働組合の役割と今後の課題」『全労連』第223号（学習の友社、2015年）／「世田谷区における『公契約ルール』確立の取組み」『労働法律旬報』第1719号（旬報社、2010年）

公契約条例がひらく地域のしごと・くらし

2019年6月28日　初版第1刷発行

　　　　　　　　　著　者　永山利和・中村重美
　　　　　　　　　発行者　長平　弘
　　　　　　　　　発行所　㈱自治体研究社
　　　　　　　　　　　　　〒162-8512 新宿区矢来町123　矢来ビル4F
　　　　　　　　　　　　　TEL：03・3235・5941／FAX：03・3235・5933
　　　　　　　　　　　　　http://www.jichiken.jp/
　　　　　　　　　　　　　E-Mail：info@jichiken.jp

ISBN978-4-88037-697-4 C0031

DTP：赤塚　修
デザイン：アルファ・デザイン
印刷・製本：中央精版印刷株式会社

自治体研究社

「自治体戦略 2040 構想」と自治体
　　　　　　　　　　白藤博行・岡田知弘・平岡和久著　　定価（本体 1000 円＋税）

「自治体戦略 2040 構想」研究会の報告書を読み解き、基礎自治体の枠組みを壊し、地方自治を骨抜きにするさまざまな問題点を明らかにする。

豪雨災害と自治体
―防災・減災を考える
　　　　大阪自治体問題研究所・自治体問題研究所編　　定価（本体 1600 円＋税）

豪雨災害のメカニズム、被害の拡大を気象学、地質学から追究し、2018 年の豪雨災害の報告を収録。防災と減災の観点から自治体の対応を問う。
寺尾徹、田結庄良昭、室崎益輝、塩崎賢明ほか著

水道の民営化・広域化を考える [改訂版]
　　　　　　　　　　　　　尾林芳匡・渡辺卓也編著　　定価（本体 1700 円＋税）

改正水道法が成立し、マスメディアも大きく取り上げた。初版の記述に現状を追記。各地の民営化・広域化の動きを検証して、「いのちの水」をどう守るのか考察する。

人口減少時代の自治体政策
――市民共同自治体への展望
　　　　　　　　　　　　　　　　　　　中山　徹著　　定価（本体 1200 円＋税）

人口減少に歯止めがかからず、東京一極集中はさらに進む。「市民共同自治体」を提唱し、地域再編に市民のニーズを活かす方法を模索する。

税金は何のためにあるの
　　　　　　　　　　　鶴田廣巳・藤永のぶ代編著　　定価（本体 1000 円＋税）

税の目的、仕組みと問題点、改革方向について入門的に解説し、わが国の税制を問い直すことで、消費税増税ではない別の選択肢があることを明らかにする。